사랑의 오랜 여행

The Ancient Traveler
Writings on Love

사랑의 오랜 여행 The Ancient Traveler – Writings on Love

지은이 스와미 라마 Swami Rama
원문 편집 바바라 보바 박사 Dr. Barbara Bova
옮긴이 장말희
초 판 1쇄 발행 2021년 6월 3일

펴낸이 최경훈 **펴낸곳** 아힘신
주소 26427 강원도 원주시 원일로115번길 12(서진빌딩 5층)
전화 033)748-2968 **이메일** ahymsin.korea@gmail.com
등록번호 제419-2007-000002호 **등록일자** 2007년 1월 23일

The Ancient Traveler – Writings on Love by Swami Rama
© 2019 by the Himalayan Institute Hospital Trust(HIHT), India
All rights reserved.
Korean translation © 2021 HIHT
This Korean edition is published under a direct exclusive agreement with HIHT.

이 책의 한국어판 저작권은 the Himalayan Institute Hospital Trust와 독점 계약한 도서출판 아힘신에 있습니다.

저작권법에 의해 한국 내에서 보호를 받는 저작물이므로 무단 전재와 복제를 금합니다.

ISBN 978-89-959194-8-4 03150
정가 10,000원

사랑의 오랜 여행

The Ancient Traveler
Writings on Love

스와미 라마 지음 장말희 옮김

아힘신

스와미 라마

　나의 모든 감사와 넘치는 사랑과 존경과 함께 이 책을 내 생명의 주인이신 나의 구루데바께 바칩니다. 그분께서는 셀 수 없이 많은 나의 결점과 약점에도 불구하고 나를 성장시키셨습니다. 내가 수행의 길에서 넘어질 때마다 그분께서는 내게 힘을 주셨습니다. 나는 오직 그분께만 은혜를 입고 봉헌되었다고 느낍니다. 내 삶의 모든 숨결에서 감사하는 마음으로 그분을 기억합니다.

스와미 라마

차 례

제1부 일반적인 사랑   9
제1장 사랑은 무엇일까요?   11
제2장 아힘사   15
제3장 사랑과 이타심   28
제4장 사랑과 비애착   32
제5장 자기 의무를 사랑하기   36
제6장 사랑과 변화   39
제7장 치유자인 사랑   41
제8장 사랑과 자연   46

제2부 인간의 사랑   49
제1장 관계   51
제2장 감각적 사랑   62
제3장 부모의 사랑   73

제3부 영적인 사랑	77
제1장 구루	79
제2장 나의 스승님	83
제3장 신의 어머니	96
제4장 마마	100
제5장 신의 사랑	111
제6장 침묵	126
제7장 대답	136
제8장 작별	138

제1부

일반적인 사랑

제1장

사랑은 무엇일까요?

사랑은 삶입니다. ─────────

　조심스럽게 살펴본 결과 나는 인간이 영원에서 영원으로 끝없는 여행 중이라는 것을 알게 되었습니다. 그렇지만 이 우주에서 가장 오래된 여행자는 남자도 여자도 아닌 신비입니다. 이것이 없다면 우리 존재마저 헛된 것이 되고 말 그런 신비입니다. 이 신비는 바로 지상 삶의 토대이며, 지적 탐구나 심리적 분석 또는 과학적 실험 같은 것으로는 밝혀낼 수 없습니다. 이 신비는 타인을 사랑하는 법을 깨달은 사람, 그래서 사랑을 삶의 목표로 삼은 운 좋은 소수의 사람만이 그 베일을 벗길 수 있습니다.

 평소라면 나는 사랑에 대해 글을 쓸 생각을 하지 않았을 것입니다. 그러나 내가 사랑에 대해 어떤 생각을 하고 있는지를 여러분이 알고자 하므로 나는 이 글을 씁니다. 지성으로는 다가갈 수 없는 사랑의 영역이 있습니다. 진정한 사랑을 하는 사람만이 이 영역에 들어갈 자격이 있기 때문입니다. 사랑을 잘 이해했던 고대에는 사랑을 하나의 신으로 여겼습니다. 그 신성이 인간의 한계를 초월하므로 어떤 방식으로도 이해하거나 볼 수 없는 그런 신으로 생각했습니다. 나 이전의 많은 사람이, 그 활동 범위가 천국의 무한한 공간에서 지옥의 어두운 심연에 이르는 이 실체에 다가가려는 시도와 모험을 했습니다.

 나는 사랑의 신비에 녹아드는 경험을 거듭했지만 그것을 설명할 길이 없었습니다. 나는 헤아릴 수 없는 사랑의 모순을 적절하게 표현할 언어를 찾기 전까지 머뭇거립니다. 다른 면을 고려하지 않고 한 면만을 가지고 전체를 이야기할 수 없습니다. 전체만이 의미가 있으므로 한 면에 대해 말하는 것은 언제나 지나치거나 모자랍니다. 내가 만일 사랑을 정의하려고 내 마음대로 사랑에다 온갖 이름과 의미를 갖다붙인다면 나는 끝없는 허상에 매몰될 것입니다. 이는 나의 단점과 약점을 고백하는 것과 같은 일입니다. 그래서 나는 이렇게 결론짓게 되었습니다, 사랑이란 미지의 세계에서 우리가 아는 세계로 들려왔다가 다시 미지의 세계로 가는 음성이며, 이 음성을 가슴에 소중하게 간직해야 한다고.

나는 내가 우주적 사랑의 희생자라고 느낍니다. 일부에 불과한 나는 전체를 파악할 수 없어서 아무것도 할 수 없습니다. 어쩌면 우주적 사랑을 향해 올라가거나 그 사랑을 거스를 수 있을지도 모르지만, 나는 그것에 붙잡히고 그 안에 갇혀 있습니다. 그것에 완전히 종속되고 그 사랑으로 견디고 있습니다. 사랑은 나의 절정이며 나의 어둠입니다. 나는 그 끝을 알아내지 못합니다. 사람이나 천사의 언어로도, 과학적으로 정확한 표현으로도 사랑은 끝나지 않습니다. 사랑은 진아the Self의 삶의 가장 높은 원천까지 거슬러 올라갑니다.

신은 사랑입니다. ―――――――――――――――

제2장

아힘사

사랑은 모든 것을 참고 모든 것을 이겨냅니다. ──

　사랑의 참의미는 요가학에서만 발견할 수 있습니다. 요가학에서 '아힘사ahimsa'는 사랑을 의미합니다. 'a'는 '하지 않다'이고, 'himsa'는 '마음과 행동과 말로 죽이다, 상처를 주다, 해치거나 피해를 주다'는 뜻입니다. 이 규율을 따른다면 여러분은 사랑을 실천하게 될 것입니다.

　가정에서 아힘사를 실천하기 시작하면 여러분의 가족은 다른 사람들을 사랑하는 것을 배우기 위한 훈련의 장場이

될 수 있습니다. 그러나 가족을 사랑하지 못하면 다른 사람과의 관계에서도 실패할 것입니다. 남편과 아내 그리고 다른 가족 구성원은 절대로 서로에게 상처를 주면 안 됩니다. 결혼한 사람들이 아힘사를 잘 실천하면 서로 다투는 일은 결코 없을 것입니다. 관계에서는 무슨 일이 있어도 폭력을 행사하지 않겠다는 합의가 있어야 합니다. 여러분은 아무도 해칠 수 없고 동시에 사랑한다고 말해야 합니다.

사랑은 증오심보다 훨씬 강합니다. ───────

여러분 마음이 증오심에 휘둘릴 때에는 그 마음이 부정적인 방향으로 이끌립니다. 이것은 소통에서 많은 문제를 일으키는 방어 기제입니다. 만일 당신이 나를 두려워하고 내가 당신을 두려워한다면 우리 사이에 소통은 없습니다. 그러면 우리는 방어적이 되고 싸움이 일어납니다. 이것이 두 나라 사이에 일어나는 일이며, 전 세계에 싸움이 그치지 않는 이유입니다. 여러분은 우리는 모두 인간이라는 점을 잊고 있으며, 어떤 공동체나 종교나 문화에 속하든 간에 모든 사람에게 생명력을 주는 원천은 단 하나라는 사실을 잊고 있습니다. 우리는 모두 단일한 영원永遠의 자녀들이며 그렇기 때문에 어느 누구도 미워하거나 해를 끼칠 권리가 없습니다. 어떤 사람은 사랑하고 또 다른 사람은 미워해서는 안 됩니다. 여러분의 원수들을 사랑하기를 배울 수 있다면 그들은 더 이상 당신의 원수가 아닙니다. 여러분의 사랑은 점점 확장되어야 하며 축소되어서는 안 됩니다. 마오쩌둥Mao Tse Dung은 이렇게 물었습니다. "백 가지 꽃들이 같은 정원에서 자랄 수 있다면 왜 우리는 같은 우주에서 모두 함께 번영할 수 없는가?"

아힘사를 실천하려는 시도는 생각과 말과 행동에서 비폭력을 실천하는 것입니다. 인도의 국부 간디Gandhi는 완전한 비폭력을 실천했습니다. 그는 비폭력을 통해 총을 사용하지 않고도 전혀 다른 규칙으로 자유를 쟁취할 수 있었습니다. 간디는 인도와 전 세계 사람들에게 사랑의 힘을 보여주었습니다. 누군가 그에게 하느님을 믿느냐, 믿는다면 그 하느님은 어떤 분이시냐고 묻자 그는 "나는 하느님은 진리라고 믿습니다. 그리고 진리를 안다면 마음과 말과 행동에도 마땅히 진리가 담겨 있어야 합니다."라고 대답했습니다.

폭력적인 말이나 행동은 폭력적인 생각에 뒤따른 것이며, 폭력적인 생각은 이렇게 마음과 몸에 심각한 영향을 미치는 것입니다. 여러분이 누군가에게 상처를 주거나 어떤 사람을 미워할 때에 여러분은 소중한 시간을 낭비하는 것은 물론이고 여러분 자신에게 상처를 입히고 있는 것입니다. 다른 사람을 싫어할 때 괴로운 사람은 세상 사람 그 누구도 아닌 바로 당신입니다. 타인을 용서하는 것을 배우면 모든 부정적인 것들이 씻겨나가고 우리 마음이 맑아집니다. 여러분도 많은 약점을 지니고 있기에 아마도 다른 사람들에게 그 약점을 투사하고 있는 것일지도 모릅니다.

나는 필멸의 존재인 인간이 서로에게 해를 입히도록 자극하는 법규를 이해하지 못하겠습니다. 어디에서 이 폭력성이 일어나는 것일까요? 사람들이 서로를 죽이도록 부추기는 그 세력은 무엇일까요? 나는 이것에 답하지 않고 다시 침묵하면서 인간이 아직 서로 조화롭게 살아가는 법을 발견하지 못했다는 단순한 결론을 내립니다. 사람으로 하여금 끔찍한 범죄를 저지르도록 밀어붙이는 악惡의 원인은 힘사himsa, 즉 사랑이 없고 배려와 다정함이 없으며 우리가 모두 하나에 속해 있다는 자각이 없는 것입니다. 타인을 죽이는 것은 우리가 그 가지인 나무의 뿌리를 잘라내는 것입니다. 현대 세계는 모든 사람을 지옥에 빠뜨립니다. 그러나 여러분은 신에게 그 책임이 있다고 말할 수 없습니다.

   생각의 힘은 매우 중요합니다. 부정적인 생각과 감정 그리고 폭력적인 행위는 여러분의 이성이 제 기능을 하지 못할 때 일어납니다. 여러분의 이성이 물러나게 하거나 여러분의 에너지를 폭력과 부정적인 것에 낭비하도록 내버려두지 마세요. 폭력과 분노는 사랑과 온유함을 사라지게 합니다. 부정적인 것들을 긍정적인 생각으로 다시 되돌리려고 애쓰는 것이 중요합니다. 요가학을 체계화한 파탄잘리 Patanjali는 상반되는 감정을 계속 깊이 생각하는 것이 증오와 폭력에서 자유로워지는 방법이라고 말합니다. 예를 들면 어떤 사람이 당신을 미워하거나 당신이 어떤 사람에게 부정적인 감정을 갖고 있다면 그 사람을 사랑하는 방식으로 생각하려고 애쓰는 것입니다.

"내주면 받을 것이다." 이것이 법칙입니다.

아힘사를 실천하면서 당신이 사랑하는 사람들, 당신을 정말 사랑한다고 말하는 사람들에게 아무 조건 없이, 사심 없이, 할 수 있는 한 최상의 것을 내주세요. 무언가를 돌려받을 것을 기대한다면 당신이 주는 사랑의 순도純度는 50퍼센트로 감소할 것입니다. 안타깝게도 오늘날에는 그 반대로 행해지고 있습니다. 주기를 원하지 않으면서 받기를 기대합니다. 세상 사람들은 사랑받기를 기대하며 이것이 결국 모든 문제의 근원이 됩니다. 아무런 기대 없이 타인을 위해 뭔가를 할 때의 기쁨을 아직도 알지 못한다면 가만히 앉아서 생각해 보세요. 당신과 관계가 없고 알지도 못하는 어떤 사람에게 사심 없이 뭔가를 해 준 적이 있는지 자신에게 물어보세요. 기대하지 않고 다른 사람들을 위해 어떤 것을 했을 때 당신은 참으로 큰 기쁨을 맛볼 것입니다.

인류의 역사와 문명에는 '나, 내 것, 나를 위해'에만 편협하게 집중하지 않고 사회의 더 높은 선善을 위해 사랑하고 봉사하는 일을 선택하고 생애를 바친 개인이 수도 없이 많습니다. 인류의 이로움을 위해, 모두의 보편의식을 인식하기 위해 점차 헌신하면서 타인에게 이타적으로 봉사할 때 그들은 엄청난 능력을 갖게 되었습니다. 그리스도, 붓다, 간디 외에 위대한 인물들은 모두 자신을 사소한 욕망과 즐거움에 사로잡힌 미소한 인간이 아니라 세상에 있는 의식, 사랑, 능력에서 그들보다 더 높은 어떤 힘의 도구로 보았습니다. 그들은 사랑을 완벽하게 구현했고 아힘사를 진정으로 드러낸 세상의 모범이었습니다.

일상에서 아무것도 배제하지 않고 모든 것을 사랑하는 삶의 철학을 실천하는 것은 비폭력을 실천하는 것입니다. 확고하고 굳건하게 비폭력을 실천하는 사람이 있는 곳에 적대감은 있을 수 없습니다. 가장 위대한 힘은 내면에서 나오고 그것은 사랑의 힘입니다. 온유하고 사랑이 많은 사람은 내면에서 강한 힘이 나옵니다. 그런 사람은 사랑할 줄 알며 자신을 지킬 줄도 압니다. 자기방어는 폭력 행위가 아닙니다.

다른 사람들에게 그리고 그들의 감정에 민감해지세요. 이기적이 되고 자기중심적이 되고, 마음을 닫고 주변 사람들과 관계를 끊을 때 당신은 민감함을 잃습니다. 그렇게 단

절된 자기 세계에 들어앉아서 "나는 모든 것을 안다, 모든 것을 가졌다, 그래서 행복하다,"라고 합니다. 당신의 마음이 내면의 한 점으로 향할 때 당신이 자신을 위해 만든 영역을 알게 되고, 당신 내면 깊은 곳에 있는 모든 것의 원천인 자아를 이해하게 됩니다. 그러면 당신은 마음과 행동과 말을 통해 우러나와야 할 모든 것을 망라하는 사랑을 발견할 것입니다. 폭력은 나약함입니다. 당신은 아트만Atman이라는 의식을 지속적으로 길러서 강해지는 것을 배울 수 있습니다. 당신 안의 아트만은 파라마트만(Paramatman, 대아大我)과 같은 것입니다.

여러분은 모두 사랑을 갈망합니다. 그러나 사랑이 무엇인지를 모릅니다. 아무도 사랑하는 법을 가르쳐주지 않았기 때문이지요. 누군가 말이나 행동으로 당신을 사랑한다고 표현할 때 그 사람이 당신을 사랑한다는 것을 알 수 있습니다. 아힘사 실천은 당신이 자신과 타인을 사랑하는 방법을 포함하고, 아무런 보상을 기대하지 않고 이기적인 동기 없이 다른 사람들에게 봉사하도록 격려하는 민감성도 포함합니다. 그리고 마침내 모든 사람을 사랑하게 되는 날이 올 것입니다. 사랑이라는 형태와 이름 아래에는 단 하나의 실제가 있기 때문입니다.

인간은 자신이 인간이라는 사실을 언제나 의식할 필요가 있습니다. 왜냐하면 모든 사람이 동물성, 인간성, 신성이라는 세 가지 본성을 지니고 있기 때문입니다. 여러분이 비이성적이거나 부정적인 감정에 휩싸여 있을 때는 동물적인 면이 우세한 상태입니다. 다른 사람이 어찌 되건 상관하지 않고 자기가 사랑하는 사람들에게조차 상처를 줍니다. 인간성을 되찾게 되면 기대 없이 내주는 것을 좋아하고, 당신의 사랑을 표현하기 위해 타인에게 봉사합니다. 여러분은 인간이며 동시에 신神입니다. 신이 당신 안에 있기 때문이지요. 이따금 당신 안의 신성이 깨어납니다. 일상의 행동에서 이 세 가지 본성을 항상 자각하고 있으면 여러분은 매우 창조적인 사람이 될 수 있습니다. 당신 밖에서 신을 찾을 필요가 없습니다. 내면에 신이 있으니까요. 그저 단순히 인간이기를 배울 필요만 있습니다. 아힘사 실천을 통해서 당신은 모든 것을 사랑하는 방법을 배울 수 있습니다. 그런 다음에는 사랑을 퍼뜨릴 것이며 당신은 즐거운 마음을 계속 유지할 수 있습니다. 이것은 여러분이 발전시킬 수 있는 매우 위대한 자질 중 한 가지입니다. 여러분의 의식이 깨어나고 더 높은 차원으로 고양될 때 이것이 가능해집니다.

제일 먼저 생각과 말과 행위로 당신 자신을 해치지 않도록 아힘사를 실천하세요. 깨달음의 길에서 당신이 먼저 배워야 할 것은 자신을 비난하지 않는 것입니다. 여러분은 사고패턴과 결부된 나쁜 습관을 가지고 있고 사고과정은 여러분의 삶 전체를 좌우합니다. '나는 나쁜 사람이다' 또는 '나는 잘났다'라는 생각을 갖는 것은 당신에게 좋지 않습니다. 하나는 당신의 창조적 지성을 손상시키고 다른 하나는 당신의 에고를 부추깁니다. 생각이 당신을 좋은 사람으로 만들거나 나쁜 사람으로 만들지 않습니다. 부정적인 생각이 마음을 스쳐 간다고 해서 당신이 나쁜 사람은 아닙니다. 떠오르는 어떤 생각을 받아들이거나 거부하는 것은 당신의 선택입니다. 중요한 것은 어느 생각이 도움이 되고 어느 생각을 거부해야 하는지 인식할 수 있어야 한다는 것입니다. 이를 위해서는 붓디buddhi 즉 결정하는 기능을 갈고 닦아야 할 것입니다. 나쁜 생각이 떠올랐다면 그냥 내버려 두

세요. 나쁜 생각이 떠올랐다고 해서 당신이 나쁜 사람은 아닙니다. 당신이 곧 당신의 생각은 아니기 때문입니다. 당신은 당신의 생각을 훨씬 뛰어넘는 사람입니다. 그러므로 당신 자신을 비난하거나 죄책감을 느낄 필요는 없습니다. 편재하시고 전지하시며 힘 있고 자비로우신 주님이 당신 안에 계신다는 것을 깨닫게 될 때 당신은 더 이상 당신 자신을 비난하지 않게 될 것입니다.

힘은 폭력에 있지 않고 사랑에 있습니다. ————

아름다움

지구 끝까지 가서 자기 자신을 찾으려고 한다면 당신과 같은 사람은 결코 찾지 못할 것입니다. 당신은 유일하며 당신과 비교할 상대는 아무도 없습니다. 당신은 가장 위대한 예술가인 신께서 창조한 특별하고 유일한 예술 작품입니다. 아름다움의 소박함과 심오함을 앗아가곤 하는 이 추한 사회가 당신에게 강제로 지우는 부담의 희생자가 되지 마세요. 당신 자신만의 아름다움을 깨달으세요. 인간은 화려한 옷으로 추함을 숨길 수 없습니다. 단순할수록 당신은 더 아름다워 보입니다. 신께서 창조한 아름다운 당신과 똑같이 아름다운 사람은 없습니다.

당신이 지닌 모든 다정함으로 당신 자신을 표현하세요. 다정함과 사랑은 하나이고 같기 때문입니다. 이 가르침을 알면 당신의 삶은 많은 점에서 변화할 수 있습니다. 퉁명스럽고 거친 태도의 추함을 모르는 삶은 얼마나 아름다운지요. 가장 아름다운 사람은 언제나 기쁨이 충만하고 이 기쁨으로 움직이는 사람입니다. 이 움직임들은 당신을 훌륭한 무용수로 만듭니다. 이런 사람이 되고 언제나 그렇게 춤을 추세요.

제3장

사랑과 이타심

사랑은 온전한 이타적 봉사를 의미합니다. ———

여러분은 살면서 여러 행동을 하고 그 행동의 결과를 얻고 다시 행동으로 이어집니다. 끊임없이 되풀이되는 이것에서 해방될 길은 없어 보입니다. 여러분을 묶고 있는 것은 행동으로 인한 결과입니다. 여기서 자유롭게 해방되는 길은 여러분이 하는 행동의 결과를 다른 사람에게 내주는 것입니다. 모든 사람이 타인을 위해 행동하는 것을 배운다면 모두가 자유로워질 것입니다. 그러나 우리는 또다른 의식 차원을 얻기를 기대하는 이기적인 사람들의 사회에 살고 있습니다. 누군가를 진정으로 사랑하고 싶다면 당신이 바라는 것과 당신에게 필요한 것을 희생할 수 있어야 합니다. 만일 모든 인간의 노력이 이타적 봉사와 자신 외의 모든 인류를 사랑하는 일을 향해 간다면, 사랑은 모든 사람을 돕게 될 끊임없는 기도가 될 것입니다. 그러나 사회는 사랑할 능력이 없는 로봇 같은 개인들을 만들어 내고 있습니다.

위대한 현자들은 사랑이란 아무런 보상을 기대하지 않고 주는 것이라고 했습니다. 타인에게 봉사하는 것은 참다운 사랑의 표현입니다. 다른 사람들을 사랑하는 것을 배우고 이타적 행동으로 그 사랑을 확실히 보여 주세요.

가장 큰 갈망

강렬한 유혹이 저의 생생한 영감靈感의 고요함을 짓밟을 때면 저의 작은 사랑은 마치 발아할 열망을 잃어버린 씨앗처럼 위태로워집니다. 저는 아주 여러 번 제 생각과 감정의 가지들을 모아 저의 모든 의지로 제 마음 구석구석을 살피면서 수없이 어둠 속에서 길을 잃습니다. 저는 다시 당신을 위한 제단을 마련합니다. 나의 사랑, 지고한 자애로움이신 당신을 진실로 흠모하고 공경하며 저는 영원의 노래를 부릅니다.

제가 당신께 저의 가장 큰 갈망을 이루어주시기를 기도하고 간청해도 될까요? 말씀해 주세요. 인류에게 봉사할 가장 좋은 길은 무엇입니까? 모든 인류를 위해 가장 좋은 길은 무엇입니까? 저의 이 가장 큰 갈망은 다른 사람들에게 봉사하면서 자아실현 안에서 빛을 발견하는 것입니다. 저는 인류가 오랜 세월 동안 무지와 분열로 얼마나 고통받고 있는지 압니다. 제가 모든 인간이 과거, 현재, 미래 전체로 삶을 바라볼 기회를 갖는 날을 보게 될까요? 모든 사람이 이타적 행동을 하며 온 마음과 완전한 정신으로 자신이 가진 모든 것을 나누고 궁극의 목적을 이루는 그날을 보게 될까요? 저는 보편적이어야 한다고 믿는 인식에 따라 진리의 모습을 제 마음속에서 키워왔습니다. 어느 날 저는 제 삶이 과거의 기억 안에 한 줄로 관통하고, 이상적인 삶은 상상하는 미래의 시각에 존재한다는 것을 깨달았습니다. 먼지에 파묻힌 기록들에서 저는 제 길을 끊임없이 가로막는 무언가를 보았습니다. 이 장애물을 걷어내고 저의 가장 큰 갈망을 드러내기 위해 저는 사실들을 모았고 그 결과 저의 사랑은 불완전한 것이 아니라 미완성이라는 알게 되었습니다. 저는 당혹감을 느끼며 아직 깨달아야 할 삶의 의미가 있다는 것을 알았습니다.

저는 인류에 봉사하면서 자신의 모든 인성을 드러내고 싶어 하는 위대한 몽상가입니다. 수 세기 동안 저는 히말라야의 깊은 계곡을 방랑하면서 삶의 순풍과 역풍을 공부했고 오늘 비로소 그 해답을 찾았습니다. 당신 안에서 사랑을 신성이라 부르는 저만의 가장 큰 가치를 발견했습니다. 저는 환희에 잠겨 평화롭습니다.

저는 신의 물결입니다. ─────────────

제4장

사랑과 비애착

사랑은 자유의 원천입니다.

애착과 사랑 사이에는 아주 큰 차이가 있습니다. 사랑은 사심 없이 주는 것이고, 애착은 소유하려는 것입니다. 여러분은 사랑의 의미도 제대로 모르면서 사랑이란 말을 하루에도 수천 번 반복합니다. 남자친구에게 애착을 갖기 때문에 그에게 사랑한다고 말할지도 모릅니다. 그러나 이것은 진짜 사랑이 아닙니다. 사랑에는 동등하다는 의식이 있지만 애착에는 그것이 없습니다. 사랑에는 생기와 앎이 있지만, 애착에는 생기가 없습니다. 사랑하면 이기심 없이 주고 아무런 보상도 기대하지 않지만, 애착하면 받고 소유하기를 원하면서 주는 것이 무엇인지 모릅니다. 뭔가를 소유하면 자아 영역을 자꾸 확장합니다. 그러나 사랑하면서 내주는 사람이 될 때에는 자아를 포기합니다. 애착하지 않는 사람은 사랑의 가치를 압니다. 신의 세계를 아는 사람은 세상의 피상적인 것들에 더 이상 애착을 갖지 않고 다른 사람들을 진실하고 이기심 없이 사랑할 수 있습니다.

애착은 다른 사람에게 또는 결국은 변하고 말 특정 사물에 늘 의존하지만, 사랑은 지식과 실체에 순수하게 의지합니다. 예를 들어 사랑한다고 믿는 사람이 변하면 그 사람에 대한 당신의 감정도 변할 것입니다. 누군가에게 애착심을 가지면 기쁨을 느낄 수도 있지만, 이 애착은 사람이나 사물에 혐오나 증오인 드베샤dvesha를 느끼게 할 수 있습니다. 라가raga와 드베샤, 즉 애착과 증오는 동전의 양면과 같아서 분리할 수 없습니다. 싫어하는 사물이나 사람을 마주했을 때 또는 그런 반감이 경멸, 증오, 공공연한 적대감의 형태를 갖게 될 때 드베샤는 고통을 일으킬 수도 있습니다. 애착심을 가질수록 당신은 눈이 멀게 되고 실체를 잊어버립니다. 어떤 물건에 애착심을 가질 때 그 물건은 당신 마음에 자꾸 떠오르는 강력한 인상을 남깁니다. 증오심으로 인한 인상은 점점 강해지기까지 합니다. 어떤 사람을 증오하게 되면 당신은 자기가 사랑하는 사람에 대해서는 전부 잊어버립니다. 증오가 사랑보다 강하기 때문입니다. 사랑의 능력을 이해하고 싶다면 어떤 사람이나 사물에 대한 당신의 증오심이 얼마나 강한지를 보면 됩니다. 만일 온 마음으로 누군가를 사랑한다면 당신은 그 사람을 절대로 증오할 수 없습니다.

평화는 신이 당신이나 다른 누군가에게 주는 선물이 아닙니다. 신이 하신 일이 아닙니다. 비록 신께서 당신에게 필요한 능력과 재능을 주셨지만, 불행하게도 당신은 신의 이름으로 모든 것을 미루면서 자신에게 해를 입힙니다. 신을 믿는 것은 좋은 일이지만 행동으로 실천하는 것을 멀리하는 것은 도움이 되지 않습니다. 아무도, 구루나 스와미조차도, 아무리 위대한 인물일지라도 당신에게 평화를 줄 수 없습니다. 평화를 얻는 길은 세상 사물에 애착을 품어서가 아닌 쓸모없는 욕망을 줄이는 데에 있습니다. 당신이 어떤 것에도 애착심을 갖지 않고 자기 의무를 훌륭하게 해내고 있다면 당신은 평화를 얻을 것입니다. 이것은 인간의 노력이 필요한 일입니다. 아트만을 확립한 사람들만이 애착과 욕망에서 벗어나 진정으로 평화롭습니다. 사랑하고 사랑 안에서 성장하고 사랑 안에 머무는 것을 배우세요.

사랑은 순수하고 신성합니다. ─────────

제5장
자기 의무를 사랑하기

여러분의 행동은 모두 기도가 되어야 합니다. ──

 게으름과 무기력에 빠진 사람들을 지켜보면 놀라움을 금할 수 없습니다. 이 사람들은 지상에서의 삶이 짧은 순간에 불과하며, 이 순간을 영혼 정화에 사용해야 한다는 점을 의식하지 않습니다. 이렇게 어리석은 낙원에서 사는 사람들은 자기 의무는 다하지 않고 삶에서 최상의 것을 기대합니다. 자유로움은 사랑을 가지고 자기 의무를 행할 때 갖게 됩니다. 여러분은 수단으로 여겨온 의무를 더없이 기쁜 상태인 행복을 얻기 위해 사용할 수 있습니다. 무엇을 하든 사랑으로 하세요. 그렇게 하지 않으려거든 아무것도 하지 마세요.

사람은 아무리 도망치려고 애써도 의무를 행하지 않고는 살 수 없습니다. 자기 의무를 이행하지 않으면 세상에서 살아갈 이유가 없습니다. 하지만 사랑 없이 의무를 행한다면 당신은 자기 의무의 노예에 불과합니다.

부부는 결혼했기 때문에 아내는 남편을, 남편은 아내를 돌봅니다. 정말 하고 싶지 않아도 그렇게 합니다. 부부는 서로에게 그저 의례적으로 의무를 다하고 삽니다. 자유를 얻기 위한 유일한 길은 자기 의무에서 사랑을 만들어 내고 그 사랑이 자라게 하는 것입니다. 문제는 자기 의무에서 어떻게 사랑을 만들어 내는가입니다. 누군가와 함께 지내다가 시간이 지나면 싫증이 나고 연인을 바꾸고 싶어집니다. 관계에서 여러분은 당신을 사랑할 사람을 기대하고 그 사람 역시 당신이 자기를 사랑해 주기를 기대합니다. 이런 식으로 사랑은 기대가 됩니다. 그리고 이 기대는 괴로움이 되고 맙니다. 여러분은 세상에서 너무나 많은 것을 기대하지만 세상은 당신에게 아주 적은 것을 주고 그러면 당신은 실망하고 맙니다. 이런 이유로 당신은 한 대상에서 다른 대상으로 옮겨가고, 당신을 즐겁게 해 줄 어떤 것을 만나리라 희망하며 세상의 모든 대상을 점검합니다. 즐거움을 줄 것이라고 생각하면서 당신의 전 생애를 바치는 일을 마침내 성취했을 때조차 당신은 실망감을 느낍니다. 당신은 그 어떤 대상도 당신에게 기쁨을 주는 힘이 없다는 사실을 이해하지 못합니다. 당신의 마음과 정신만이 당신에게 기쁨을 줄 수 있다는 것을 모릅니다. 바깥세상에서 성공하기를 원한다면 당신의 내면을 이해해야 합니다. 이타적인 행동으로 다른 사람들에게 사랑을 드러내 보여 주는 것으로 사랑을 실천하세요.

*사랑은 아무것도 기대하지 않고
준다는 의미입니다.* ───────────

제6장

사랑과 변화

사랑은 세상에서 가장 강한 힘입니다. ―――――

집을 바꿀 필요도, 연인이나 사무실 또는 다른 직업으로 바꿀 필요도 없습니다. 이 모든 것을 바꾼다 해도 당신의 인성은 변화되지 않을 것입니다. 죽음이 당신을 바꿀 것이라 생각할 수도 있겠지만 죽음은 육신의 습관일 뿐이며, 인간의 삶을 바꾸는 힘을 갖고 있지는 않습니다.

세상에 살면서 의식을 변화시키기 위해 메시아나 예수 또는 붓다나 간디처럼 될 필요도 없습니다. 사랑만이 해방의 원천이며 당신을 변화시킬 힘을 갖습니다. 이기심 없이 사랑을 준다면 그 누구도 당신에게서 행복을 앗아갈 수 없습니다. 사람의 운명을 바꿀 수 있는 것은 그 무엇도 아닌 사랑입니다. 사랑으로 당신은 사회 전체를 변화시킬 수 있습니다.

변화는 자각하는 데서 이루어집니다. ─────

제7장

치유자인 사랑

치유의 열쇠는 이타심입니다.

 젊을 때 나는 스승님이 가시는 곳은 어디든 따라다녔습니다. 어느 날 우리는 우타르프라데시의 에타에서 그곳 역장의 집에 가게 되었는데, 역장의 외아들은 그때 심한 천연두를 앓는 중이어서 온몸이 종기로 덮여 있었습니다. 여행을 할 때 우리는 각자 다른 집으로 가서 탁발하는 것이 관습이었습니다. 젊은 나는 스승님을 앞서가서 역장 집의 문을 두드렸습니다. 문이 열리자마자 나는 "어머니, 제게 음식을 좀 주시겠습니까?" 하고 말했습니다.

그녀는 문밖으로 나와 화를 내며 말했습니다. "당신이 진짜 스와미라면 하나밖에 없는 우리 아들이 지금 사경을 헤매는 걸 알 텐데요. 그런데도 어리석게 음식을 달라고 하는군요."

나는 너무나도 놀랐습니다. 스승님이 다가오시자 나는 사정 이야기를 했고, 스승님은 미소를 지으시며 집 안으로 들어가자고 말씀하셨습니다.

아이의 상태를 보신 스승님은 내게 무슨 말을 했는지 그 어머니에게 물었습니다. 어머니는 "당신이 진짜 스와미라면 하나밖에 없는 우리 외아들이 죽어가고 있는 걸 알 텐데요. 그런데도 도와주기는커녕 음식을 달라고 하다니 참으로 이기적이군요."라고 반복해서 말했습니다.

그러자 스승님은 다시 미소를 지으시며 내게 말씀하셨습니다. "얘야, 이 아이를 치료해야겠구나."

스승님은 아이를 덮은 시트를 들어 아이의 몸을 시트로

감쌌습니다. 그러자 스승님의 온몸이 천연두 종기로 뒤덮였고 아이는 말끔히 치유되었습니다. 아이의 부모는 내 스승의 발아래 엎드렸습니다. 스승님은 "이 종기를 나무로 보내야겠구나."라고 하셨습니다.

나중에 나는 어떻게 그 아이를 치유하실 수 있었는지 여쭈었습니다. 스승님은 한 가지 예를 들어 대답하셨습니다. "어떤 집에 불이 났다고 해 보자. 이 집 가족은 집 안에 아이가 있다고 하면서 밖에서 울면서 소리쳤다. 안으로 들어가서 아이를 구할 힘이 없었던 거지. 그런데 갑자기 어떤 낯선 사람이 다가와서 그들의 외침을 듣고는 망설임 없이 불타는 집 안으로 뛰어들어가더니 잠시 후 어린아이를 안고 나왔단다. 위험을 무릅쓰고 사람을 구하고자 하는 그런 사랑을 어떻게 불러일으킬 수 있을까? 사랑에는 희생과 용기가 필요하단다. 희생이 어떤 것인지 알고, 주는 것의 의미를 아는 사람이 참사랑을 하는 사람이란다."

사랑으로 타인에게 봉사하려는 강한 의지를 지니면 의술을 초월해서 사람을 치유할 수 있습니다. 여러분은 그런

잠재력을 가지고 있습니다. 아직 그것을 탐색하지 못했을 뿐입니다. 인간은 진화과정에서 아직 미완성입니다. 완성은 타인을 사랑하는 법을 배우고 이기적 동기 없이 봉사할 수 있을 때 이루어질 것입니다.

치유의 열쇠는 이타심, 사랑, 역동적 의지, 내면의 신을 향한 완전한 봉헌입니다. 그리스도와 모든 위대한 전달자들은 치유 능력을 지녔습니다. 여러분도 그 같은 능력을 가지고 있습니다. 그것과 접촉해야 합니다.

인도가 무굴왕조의 지배를 받고 있을 때, 통치자 바부르 왕의 외아들 후마윤이 사경을 헤매고 있었습니다. 바부르는 스와미, 현자, 고행승, 사제 등을 찾아다녔지만 죽어가는 아들을 구할 방법이 없었습니다. 그때 여성 현자 한 사람이 그에게 와서 말했습니다. "왕께는 치유의 힘이 있습니다. 그 힘으로 아들을 치유해 보세요."

"나는 영적인 사람이 아니오. 나는 성스럽지도 신앙심이 깊지도 않소."

"그러나 왕께 치유력이 있는 것은 사실입니다. 당신은 아들을 위해 당신의 목숨을 포기할 마음을 먹으면 그 힘을 사용할 수 있습니다."

"알겠소. 나는 이미 오래 살았으니 내 목숨을 포기하겠소. 아들이 살아나지 않으면 나는 이제부터 살면서 크나큰 고통 속에 지내야 할 것이오."

현자가 말했습니다. "이 물잔을 들고 아이가 누워 있는 침대를 네 바퀴 돌면서 '신이시여, 제 수명을 아들에게 주십시오. 저는 생명을 포기하고 세상을 떠나겠습니다.'라고 말하고 물을 드세요."

그렇게 현자의 말을 따랐고 왕은 곧 숨졌습니다. 그의 외아들은 치유되어 병상에서 일어났습니다.

사랑은 참다운 치유자입니다. ———————

제8장
사랑과 자연

　사람들은 대부분 자연을 돌보지 않으며, 자신에게 주어진 자연의 모든 아름다움을 돈 몇 푼에 팔아치우는 것을 보면서 나는 절망적으로 외치며 충고합니다. 민감하게 그리고 완전한 이해를 가지고 자연과 그 아름다움을 사랑하는 사람들은 어디에 있을까요? 예술적 직관은 소수의 운 좋은 사람의 마음과 정신에 의해서 개발됩니다. 그것은 푸른 계곡과 초원에서 시작되어 곧바로 감수성의 최고봉에 다다르며, 경이로운 감각과 일종의 즐거운 두려움을 가져다줍니다. 본질적으로 그것은 놀랍고 불가해하며 헤아릴 수 없습니다. 자연을 찬미하는 사람들은 현실과 가깝습니다. 눈에 띄지 않은 채로 남아 있는 매일 매시간 일어나는 자연의 기적은 예술가와 자연에 감사하는 사람들에게 즐거움을 줍니다.

무엇보다 먼저, 그들은 마치 생전 처음 본 것처럼 익숙한 것들이 얼마나 새롭고 아름다울 수 있는지 발견합니다. 자연을 사랑하는 사람들에게 들장미와 제비꽃은 호주오동나무나 극락조만큼이나 놀랍습니다. 자연 세계를 있는 그대로 감상하려는 열의가 무엇보다 필요합니다.

자연의 소리

어느 기쁜 날
미풍은 부드럽게 빛나는 나무들을 흔들고
대기의 향긋한 냄새와 자연의 소리가 온 세상에 있다.

아, 세상이 얼마나 고요한지
당신이 발길을 멈추고 보기만 한다면….

제2부

인간의 사랑

제1장

관계

사랑의 의미는 적응하고 이해하는 것입니다. ──

이상한 부부

어느 날 한 현자가 어떤 부부를 방문했습니다. 현자는 그들을 위해 삶의 의미와 인생의 참목적을 설명하는 노래를 불렀습니다. 그 노래는 사랑이 이 세상에서 제일 오래된 여행자라고 말했습니다. 사랑은 영원에서 영원까지 여행하면서 그 여정에서 이런 메시지를 주었습니다.

"원하는 만큼 많이 사랑을 시도하고, 당신이 이해하는 방식으로 서로 사랑하기를 배우라. 그러나 육체적 단계에만 머무른다면 사랑은 오래가지 않는다는 것을 기억하라. 사랑은 신성의 끊임없는 흐름이며 이 흐름이 막히면 괴어 있는 웅덩이에 남는다. 사랑이 당신 가족의 삶에서 퍼져나가지 않는다면 가족은 괴어 있는 웅덩이와 같게 될 것이다. 사랑은 이기심을 모른다. 사랑을 소유하려 하면 당신을 어지럽힐 뿐 아니라 가족 모두를 고통스럽게 한다. 육신과 마음과 욕망의 단계를 모두 넘어선 사랑을 찾아야 한다."

"그걸 어떻게 찾습니까?" 이상한 부부가 물었습니다.

현자는 대답했습니다. "서로 이해하고 서로 존중하고 서로 나누어라. 서로 보완하고, 오해하고 오판하는 잘못을 피해야 한다. 불일치할 수도 있지만 일치하려고만 해야지 갈라져서는 안 된다. 대화하는 것을 배우고, 주고자 하는 마음을 가지고 행동하라. 주는 것이 사랑이기 때문이다. 하지만 오직 한 방향으로 흩어지지 않게 집중해서 주는 것이어야 한다. 조각으로 흩어진 것을 다시 모으기는 어렵기 때문이다. 사랑은 사라지고 증발하고 고갈되고 실망을 줄 수 있다. 그러므로 대화하면서 불화를 철저히 해결해야 한다. 이것은 어려운 일이 아니다."

나는 이들 부부의 게스트하우스에서 창턱에 걸터앉아 그 노래를 듣고 있었습니다. 나는 그 노래가 좋았고 항상 기억했습니다. 그렇지만 그 이상한 부부가 메시지를 받아들였는지는 모릅니다. 신만이 아시겠지요.

"저희를 다시 방문해 주시겠습니까, 선생님?" 그들이 물었습니다.

현자는 대답했습니다. "나는 노래를 불렀고, 노래는 나의 설교다. 이제 너희는 그것을 실천해야 한다. 또 보자."

몇 주 후에 이 현자는 다시 이 집을 지나가게 되었습니다. 이상한 부부는 그를 만나기를 기대하며 뭔가 새로운 것을 듣고자 했기에 현자를 반가이 맞아들여 음식과 물을 내놓았습니다.

현자가 말했습니다. "내 아이들아, 나는 가진 것이 없으니 아무것도 기대하지 않고, 할 일도 없다. 이렇게 집들을 찾아다니고 내 경험을 나누는 것을 내 의무로 여긴다. 내게 물어 볼 것이 있느냐?"

이상한 부부는 말했습니다. "네, 선생님. 저희는 헤어지기로 했습니다. 저희 부부는 언제나 생각이 다르기 때문입니다. 이런 저희를 위해 해 주실 말씀이 있는지 알고 싶습니다."

이 말을 듣고 현자는 말했습니다. "너희가 저지른 첫 번째 잘못은 결혼했다는 것이다. 그리고 이제 너희가 저지를 두 번째 잘못은 헤어지려는 것이다. 너희는 너무 젊어서 미래의 비밀을 엿볼 수 없다. 너희가 지금 어떤 상황에 있는지 정말 알고 싶으냐?"

"네, 선생님의 조언을 듣고 싶습니다." 이상한 부부가 말했습니다.

"자, 너희가 말했듯이 너희는 사랑에 빠져서 결혼하기로 했었지. 그런데 사랑할 때 너희는 제일 좋은 면만 서로에게 보여 주고 다른 면은 보여 주기를 두려워했다. 얘들아, 아름다운 것은 추하기도 하다는 것을 알고 있느냐? 아름다움과 추함이 분리할 수 없게 섞여 있기 때문이지. 이 두 가지는 감각적 즐거움을 위해 인간이 만들어 낸 개념에 불과하단다. 흠을 잡는 것은 즐거운 일은 아니지. 너희는 서로 받아들이는 것을 배워야 하고, 서로 이해하고 서로 성장하도록 돕는 것을 배워야 한다. 너희가 결혼하고 가정을 꾸리고 싶도록 만든 것은 무엇이고, 이혼을 결정하게 한 것은 무엇인지 내게 말해 줄 수 있겠느냐?"

"저희는 서로의 얼굴과 몸매 그리고 입은 옷을 보고 매력을 느꼈습니다. 그래서 서로의 이상형이라고 생각했지요. 이후에 우리는 둘 다 좋은 사람이라는 것을 알게 되었지만 잘 맞지 않았습니다."

"어떤 점이 맞지 않았느냐?" 현자가 물었습니다.

"서로 원하는 것을 만족시키지 못했습니다." 부부가 대답했다.

"무엇을 원했느냐?" 현자가 물었습니다.

"선생님, 저희는 서로에게 성적 만족을 주지 못했습니다." 그들이 대답했다.

"그것이 불일치한 점이냐 아니면 그 이상의 문제가 있느냐? 너희 두 사람이 서로에게 적응하고 받아들이고 성적으로 만족할 수 있는 수련과정을 내가 알려주겠다. 그러나 너희가 결혼한 것이 성적 만족만을 위해서였는지 말해 다오. 만일 그랬다면 그것은 결혼이라는 대사大事를 결정할 이유로는 충분치 않다. 왜 결혼했느냐? 너희는 자신의 잘못을 깨닫고 함께 사는 것을 배울 준비가 되었느냐? 세상에 불일치라는 것은 없다. 그것은 법적 소통에 사용하는 단어일 뿐이다. 함께하고 싶다면 서로 도울 수 있다."

가정은 사랑으로 빛나야 합니다. 아내와 남편은 서로에게 이타심을 갖도록 배워야만 인생의 목표를 달성할 수 있습니다. 부부는 삶의 목적과 예배처럼 활기찬 생활을 앎으로써 기쁨이 있는 가정을 이룰 수 있습니다.

여성

여성은 남성보다 훨씬 우월합니다. 섬세한 자질과 미적 감각 그리고 타고난 이해심이 있기 때문입니다. 여성의 힘은 부드러움입니다. 이 힘은 제일 강한 남자들을 어린아이로, 소심한 남자들을 위대한 전사로 만듭니다. 여성은 본능적 인식이 지닌 다방면의 창조적 예술가로서, 무용, 음악, 운동 같은 여러 예술 분야를 육성해 왔습니다. 가족 제도를 확립하고 문화와 가정생활의 수호자도 여성입니다.

남성

여성과 달리 남성은 야수 같은 힘을 지니고 자신을 폭력적으로 드러낼 수 있지만 민감성이 부족합니다. 남성은 감정에 예민하지 못한데, 그 이유는 감정 수준보다는 정신 수준에서 행동하려는 경향이 있기 때문입니다. 남성은 아이를 낳고 키우는 고통을 결코 극복하지 못합니다.

부부

감정은 여성이고 정신은 남성입니다. 대자연은 여성과 남성을 같은 공간에 두었고, 그렇기 때문에 막대기의 양 끝인 이 둘은 고리로 이어질 때 만날 수 있습니다. 아마도 이런 이유로 남녀가 약혼할 때 서로 반지를 선물하며 다음 단계인 결혼을 희망하는 것이겠지요. 남녀는 인생의 모든 문제의 답이 결혼이라고 생각할지도 모릅니다. 그러나 항상 그렇게 되지는 않습니다. 동물적 열정으로 가득 찬 남성과 주고자 하는 마음이 가득 찬 여성, 이들 남남이 가정을 이루기로 결정한다는 것은 즐거운 일입니다. 남자는 여자를 자기 것이라 생각하고 여자 또한 남자를 자기 것으로 여깁니다. 어떤 사람들은 결혼제도가 쓸모없다고 생각합니다. 그들을 비난할 수는 없습니다. 남자가 생각하는 여자다움과 여자가 생각하는 남자다움은 이들의 희망사항과 욕구에 따른 상상력에 의해 만들어집니다. 관계라는 작업을 완벽하게 만드는 것은 예술 작품입니다.

사랑에 빠지다

남성과 여성은 연상聯想의 법칙 때문에 서로 이끌립니다.

첫눈에 반할 수도 있겠지만, 그 사람을 이후로 다시 볼 수 없다면 아무 일도 일어나지 않습니다. 하지만 그 사람을 계속 만나게 되면 서로 이해하려고 노력하고 배려하는 마음이 생기고, 서로 존중하면서 사랑이 자랍니다. 사랑에 빠지면 두려운 게 없습니다. 사랑하지 않을 때에만 많은 두려움을 갖습니다. 그러니 좋은 연인을 갖는 게 더 낫습니다!

두 사람이 만나 사랑하게 되면 철학지식 없는 철학자가 됩니다. '나는 그 사람을 사랑하고 그 사람도 나를 사랑하므로 그는 나를 위해 뭐든지 해 줄 것'이라 생각할 수도 있습니다. 아마 상대방도 그렇게 생각할 수 있습니다. 당신이 누군가를 사랑한다고 말하더라도 사실은 실제로 그를 사랑하지 않습니다. 당신은 그 사람에게 연민을 느끼기 때문에 그 사람을 당신 자신과 동일시하고 그를 사랑한다고 말하는 것입니다.

사랑하는 사람이 끊임없이 미소 짓는 것을 본다면 그녀가 당신과 사랑에 **빠졌다**고 확신할 수 있습니다. 그 미소는 피어나는 꽃송이 같습니다. 피어나는 꽃을 꺾지 말고 사랑하는 사람에게 아무것도 기대하지 마세요. 그렇지 않으면 당신에게 보이던 그 미소를 영원히 잃어버릴지도 모릅니다. 그녀가 보여 준 미소는 마음에 가장 깊이 새겨져서 어떤 힘도 그것을 앗아갈 수 없습니다. 미소로 가득 채워진 마음은 아름다운 꿀항아리와 같습니다.

미소는 어떤 창조물에서도 볼 수 없는 덕목입니다. 미소 지을 수 있는 능력은 사랑하는 신께서 인간에게 주신 선물입니다. 어떤 이가 미소를 짓는다면 그것은 바라보는 사람을 존경한다는 뜻입니다. 미소는 생명의 신께 경외심을 드러내 보이는 것입니다. 찡그리고 침울한 표정을 짓고 부정적인 생각으로 고립되는 것은 인간 본성의 창조적인 측면이 아닙니다. 인간 본성과 동떨어진 이런 불순한 것들의 희생자가 된 것입니다. 사랑하기를 배우고 미소지으세요. 미소는 사랑하는 사람이 줄 수 있는 최고의 선물입니다. 미소는 당신 내면의 즐거운 정원에서 자라는 꽃으로 만든 꽃다발입니다.

*사랑은 어떤 여건에서도
사라지지 않는 영속하는 미소입니다.* ―――――

제2장

감각적 사랑

사랑은 확장을 의미합니다. ───────

 여러분은 모두 사랑을 이야기하고 멋진 연인이 되고 싶어 합니다. 그렇지만 사랑하고 만지고 느끼기 위해서는 자기 자신이 아닌 대상이 있어야 합니다. 이런 사랑은 감각적 수준의 사랑입니다. 섹스는 매우 강렬한 충동이며 이 충동은 누군가의 도움이 없으면 해결할 수 없습니다. 하지만 섹스는 서로 대등함을 기반으로 한 사랑의 한 부분만을 표현하는 것입니다. 섹스는 서로에게 만족감을 주는 행위에 참여하는 것이지만, 삶은 섹스만을 의미하지 않습니다. 삶 전체를 섹스 파트너를 찾는 데에 몰두한다면 그 삶에서 다른 무엇을 할 수 있겠습니까? 섹스만을 위해 살기로 마음먹는다면 그것은 전혀 다른 문제로, 그 결과를 책임져야 할 것입니다.

성적 에너지가 무엇인지를 이해하는 것은 중요합니다. 육체적인 면에서뿐 아니라 정신적인 면에서도 그렇습니다. 섹스는 마음에서 생겨나고 몸으로 표현되는 것입니다. 음식이 먼저 몸에 영향을 주고 난 다음 마음에 영향을 끼치는 것과 달리 섹스는 마음에 먼저 영향을 주고 나서 몸에 영향을 끼칩니다.

그리고 섹스는 습관이 되지 않도록 해야 합니다. 섹스가 습관이 되면 다른 활동을 빼앗기게 되고 오로지 섹스만을 생각하게 될 것입니다. 이렇게 되면 섹스는 매우 위험한 질주가 되고 많은 질병을 야기할 수 있습니다. 자제한다는 것은 자연을 따르는 것입니다. 그러나 자연스럽지 않게 습관에 따라 행동한다면 이 습관은 당신의 삶을 지배할 것이고 자신을 통제할 수 없게 될 것입니다. 성적 힘을 통제하지 못한다면 그 충동을 승화시키는 법을 배워야만 할 것입니다. 승화한다는 것이 무엇인지 또는 성적 충동을 통제하는 방법을 모른다면 단 한 사람의 섹스 파트너를 갖는 것이 좋습니다. 이렇게 하면 정신건강에도 좋은데, 과도한 섹스가 정신적으로 병들게 할 수 있기 때문입니다. 아무하고나 섹스를 계속한다면 병들게 될 것입니다. 통제를 벗어난 섹스는 마음에 영향을 주기 때문입니다. 사실 사랑은 아주 천천히 조금씩 키워나가야 합니다. 자기통제로 이렇게 할 수 있습니다. 그러나 조심스레 길러나가야 합니다.

극소수의 사람만이 섹스가 미치는 영향을 알고 있기에 이들은 성적인 행위에서 만족을 구하지 않습니다. 그렇지 않은 사람들은 만족하지 못하면 여기저기 기웃거립니다. 섹스에서 만족을 느끼지 못하면 다른 것에서도 만족하지 못합니다. 이런 남자는 여자를 만족시키지 못합니다. 여자를 이해하려고 노력하지 않기 때문입니다. 처음부터 이기적이고 생물학적인 필요와 관련해서도 남자는 자신의 동물적 욕구를 충족시키기 원하는 동시에 또 자유롭기를 원합니다. 무책임하며 삶에서 어떤 속박도 원치 않습니다. 어떤 여자든 간에 한 여자에게 만족하는 남자는 없습니다. 여자와 달리 남자는 본성적으로 일부다처주의자입니다. 아내에게 성실하지 못합니다. 여자는 한 남자와 사는 것을 선호하지만 남자는 외도하는 것을 선호합니다. 욕구불만인 여자도 그럴 수 있으며 아주 음란한 여자가 될 수도 있습니다. 그렇게 되면 한계가 없어지고 끊임없이 남자를 배반하게 됩니다. 어떤 남자가 자기 삶이 공허해서 함께 사는 여자에게 만족을 느끼지 못한다고 했습니다. 그래서 또 결혼했습니다. 나는 당연히 이렇게 말해 주었습니다. "두 여자를 사랑하고 두 여자와 사는 남자는 세 사람 모두에게 부당한 짓을 하는 것이네."

내 말을 들은 그는 수심에 차서 내가 왜 그런 말을 했는지 알고 싶어 했습니다. 나는 사랑의 통로는 매우 좁아서 두 사람만 통과할 수 있으므로 셋이서 함께 걸어갈 수는 없다고 대답했습니다. "하나의 영혼을 지닌 두 마음이 하나의 영원한 사랑을 보완한다네. 사랑의 길을 걸으면서 두 사람은 오직 하나가 되어야 하기 때문이라네. 그러므로 친구여, 두 사람을 사랑하는 것은 엄청난 혼란을 주기에 자네가 불행한 것이라네. 자네는 사랑의 희생자라네. 자네는 자신과 무고한 두 여인에게 공정하게 했는가? 두 여인을 동시에 사랑하는 남자는 세 사람 모두에게 불공정한 것이네." 그는 손으로 입을 가리고 좌절하고 당혹스러워하면서 울음을 터뜨렸습니다. 나는 이미 일어난 일은 없었던 것으로 할 수 없다고 말했습니다. "일단 저지른 실수는 되돌릴 수 없다네. 그러므로 다시 반복하지 않겠다고 약속하고 이지적이고 냉정하게 잊어야 하네. 신이 도우실 것이네. 내가 해 줄 수 있는 것은 없네."

나는 곳곳에서 성적인 불일치를 보게 됩니다. 사람들이 남성과 여성이 지닌 에너지에 대해 배우지 않았기 때문입니다. 남자는 자기가 남자라는 것을 과시하기 위해, 자기 자아를 만족시키기 위해 섹스를 합니다. 때로 조금 다를 수도 있는데, 경제적, 재정적 압박을 받을 때 아주 성급하게 성행위를 하기도 합니다. 긴장을 해소하고 싶어서 섹스를 하고는 그것을 사랑이라고 부릅니다. 섹스를 할 때는 감정적이 되어서는 절대로 안 됩니다. 감정적인 상태에서 섹스를 한다면 당신의 건강, 특히 정신적 건강에 큰 해를 끼칠 것이므로 이때 감정은 통제되어야 합니다. 성생활과 연관된 감정이 제대로 통제되지 못하면 분명히 좌절이나 분노에 이를 것입니다. 서로의 태도와 생각을 이해하고, 있는 그대로 서로를 받아들여야 합니다.

성행위에서 편안함을 느끼지 못한다면 거기에는 이해가 없는 것이고, 서로 이해하지 못하면 사랑은 있을 수 없습니다. 사랑 없는 섹스는 사실상 동물행위이며, 자위와 다를 바 없습니다. 감각적, 육체적 즐거움과 결부된 사랑은 정욕이지 사랑이 아닙니다. 자위와 성적 합일은 다른 것입니다. 자위는 생물학적 충동이며, 성적 합일을 갈망하는 것은 충동을 넘어서 궁극의 진리와 일치하기를 원하는 것입니다.

남자와 여자는 성행위에 준비되어 있어야 합니다. 흔히 성행위는 이렇게 진행됩니다. 남자가 능동적일 때 여자는 안정적, 수동적인 상태를 유지합니다. 그러나 여자에게 흥분이 일어나면 이때 남자는 수동적이 됩니다. 이것은 두 사람에게 자주 불만을 일으키고 문제가 됩니다. 융화는 두 사람이 서로에게 적응하고 서로를 이해할 때 이루어집니다.

남녀가 함께 산다면 서로 마음과 생각을 나누어야 합니다. 상대방의 육체를 즐길 수 있기 전에 상대방의 마음을 이해해야 하는 것입니다. 한 침대를 쓰면서 40년을 함께 산 부부지만 서로를 잘 모르겠다고 말하는 부부를 많이 보았습니다. 서로 생각을 나누지 않았기 때문입니다. 당신의 생각과 마음과 당신이라는 사람 전부를 나누는 방법을 알지 못한다면 아무도 사랑할 수 없습니다. 제일 멋진 상대를 만났지만 행복하지 않다면 또는 마음이 딴 데 가 있고 상대방에게 정신적으로 끌리지 않는다면 두 사람은 성적 즐거움을 느낄 수 없을 것입니다. 40년이 지난 후에도 서로를 알지 못한다면 40년 동안 왜 함께 산 것입니까? 사람들은 의지할 사람 없이 살 수 없기 때문에 결혼생활을 유지하려고 합니다. 세상에서 말하는 사랑이 이것입니다. 이런 형태의 사랑은 만족스럽지도 완벽하지도 않고, 깨달음을 방해하는 심각한 장애물을 만듭니다. 많은 부부가 행복한 척합니다. 언젠가는 행복하리라 기대하기 때문이지요.

　기대는 많은 부부문제의 원인입니다. 당신의 기대를 충족시킬 능력이 없을 수도 있는 상대방에게 너무 많은 것을 기대합니다. 남자는 아내가 자기를 사랑하기를 기대하고 자기를 보살피고 섬기기를 기대하며 자기 말대로 하기를 기대합니다. 아내는 자신의 성적 욕구를 충족시키고 자신이 원하는 대로 해야 합니다. 아내도 똑같이 생각합니다. 자기를 사랑하고 자기 말에 귀 기울이기를 기대합니다. 그 결과는 충돌입니다. 서로 주는 것 없이 기대만 하기 때문에 둘의 바람과 둘의 기대 사이에 충돌이 생기는 것입니다. 서로에게 너무 많은 것을 바라면서 그것을 사랑이라고 부릅니다. 당신이 불행한 이유가 이것입니다. 성적으로 이해하지 못하면 불만스러워지고, 결혼은 파탄이 납니다. 서로 잘 이해하려고 노력하고, 결혼하기 전에 모든 어려움과 장애에 대비하는 것이 좋습니다.

영성과 결혼

서로 비슷하게 생각하고 비슷하게 행동하고 비슷하게 느낄 때 두 사람은 어울려 살 수 있습니다. 아내와 남편이 영적인 사람이라면 아무런 문제 없이 살아갈 수 있습니다. 남편과 아내를 화합하게 만드는 것은 영성입니다. 세속적인 것으로는 화합을 가져올 수 없습니다. 세속적 결합은 안정적이지 못하며 안전할 수도 없습니다. 세상에 살면서 확실한 목적은 가져야겠지만, 삶의 목적을 가지고 그 목적을 위해 노력하는 것이 더 중요합니다. 그런 다음 성생활을 유지하고 동시에 행복하게 살면서 깨달음이라는 목적을 향해 자신의 역량을 쏟아야 합니다. 이생에서 그것은 가능한 일입니다.

당신과 당신의 파트너가 서로 주고 사랑할 때 주는 것은 큰 기쁨이 됩니다. 처음부터 주는 것을 배운다면 섹스는 아주 즐거운 것이 됩니다. 사랑을 주는 것 자체가 보답하는 것입니다. 그러나 두 사람 모두 받기를 원한다면 누가 주겠습니까? 주기를 배우면 두 사람의 에너지는 불꽃 즉 사랑의 불꽃을 만들어 냅니다. 이 불꽃은 신성의 불꽃입니다. 사랑의 불이 켜져 있는 한 사랑은 새롭고 생생합니다. 그러나 이것이 사그라지면 사랑은 사라져버립니다.

성행위에서 즐거움의 원천은 상대방이 아닙니다. 즐겨야 하는 것은 생명력입니다. 이 에너지는 위를 향해 움직여야 합니다. 모든 것을 전부 내주면서 당신을 비우게 되면 두 사람의 일치가 즐거운 상태인 비샤야난다vishayananda, 즉 영원의 즐거움을 순간적으로 경험하는 것으로 이끌어 줍니다. 이것 때문에 당신은 그 충동을 완전히 충족하려고 애쓰는 것이지만 결코 충족될 수 없습니다. 그 순간을 연장하려고 애를 쓰며 전 생애를 보냅니다. 그것은 해소되지 않는 갈증과 같습니다. 세상의 어떤 대양도 그 갈증을 해소할 힘은 없습니다.

삶에는 두 가지 법칙이 있습니다. 확장의 법칙과 축소의 법칙이 그것입니다. 당신은 순간의 즐거움에 만족하지 못하기 때문에 그것을 계속하고 싶어 하며 그것을 넘어서려고 합니다. 그 불꽃, 그 순간은 당신을 확장으로 이끕니다. 사랑은 확장을 의미합니다. 하지만 당신이 이기적일 때 주면서 확장하는 대신 자신을 수축시키고 물러서게 합니다. 줄 때와 주지 말아야 할 때를 알아야 합니다. 때로 당신은 매우 좌절합니다. 그때 주지 말아야 할 곳에서 계속 내준다면 당신은 자신과 감정적 육체를 해칠 수 있습니다. 그리고 때로 주어야 할 때 줄 수 없으면 당신은 해를 입습니다. 자주 이런 일이 일어납니다.

그러므로 당신의 욕구를 건강하게 유지해서 당신의 목적을 이루어야 합니다. 사랑과 기쁨이란 이름으로 당신 자신을 혼란스럽게 하지 마세요. 이해하고 서로 봉사하기를 배우세요. 서로 돕고 서로 사랑하고 서로 나누세요. 가장 큰 기쁨을 알고 싶은 사람들은 다른 사람 안에서 자신을 인식해야 합니다. 이것이 참사랑의 정의입니다. 이 사랑은 모든 사랑을 증명하고, 우리가 도달해야 할 최후의 진실입니다. 사랑의 정신은 무한하며 착각의 속박과 고통에서 우리를 해방시킵니다. 우리를 진실로 이끄는 것은 일치입니다. 경이로운 세상의 처음과 끝인 이 진실은 신성입니다.

사랑은 최고의 헌신입니다. ───────────

제3장

부모의 사랑

가장 좋은 대화는 마음을 통해서 이루어집니다. —

아이들은 보살핌과 사랑을 받으면 이 사랑을 자연스럽게 되돌려줍니다. 갓 태어난 아기들은 사랑의 언어, 가장 오래된 언어, 모든 언어의 원천으로 엄마와 말없이 대화합니다.

아이에게 가장 필요한 것은 사랑이며, 이 사랑은 아이를 자신의 소유물로 여기지 않는, 이기심 없는 것이어야 합니다. 아이는 마땅히 사랑해야 합니다. 당신의 아이를 앞으로의 삶에서 많은 것을 하고 세상에서 훌륭한 사람이 될 능력이 있는 한 사람의 인간으로 인식해야 하기 때문입니다.

세상에서 가장 오래된 여행자는 인간의 사랑입니다. 아이는 태어나서 어머니의 품을 제일 먼저 사랑합니다. 이 사랑은 장난감과 자기가 만든 모래성으로 서서히 옮겨갑니다. 아이가 성장하면서 여자친구나 남자친구로 사랑이 움직입니다. 이후 사랑은 대학에서 학위와 영예로 옮겨가고, 다시 품위와 지위 그리고 에고를 만족시킬 소유물에 대한 욕구로 바뀌어 갑니다. 사랑은 다시 남자 또는 여자로, 결혼과 집과 자녀로 자라납니다. 그리고 마침내 사랑의 참의미를 찾고 싶어집니다. 아주 성실한 삶을 살아온 사람은 때로 소파에 앉아 웃으며 말합니다. "여보, 사랑이 뭐지? 우리 사이는 만족스러운데 사랑의 의미를 아직 잘 모르고 있어." 이것은 당신이 비록 좋은 배우자와 부모로서 의무를 다하고 있지만 진정한 사랑이 무엇인지 알지 못하고 있다는 것을 말합니다. 이것이 아직도 만족하지 못하고 뭔가를 성취해야 한다고 느끼는 이유입니다. 당신이 잃고 있는 것은 삶의 목적을 이해하는 것입니다. 옛날에는 잠자리에 들기 전에 아이들에게 매일 이렇게 가르쳤습니다. "나는 강하다. 나는 아무것도 두렵지 않다. 내가 예외 없이 모든 것을 사랑하기 때문이다. 내 삶의 목적은 다른 사람들을 섬기고, 돕고 사랑하는 것이다." 오늘날 아이들이 이런 환경에서 자란다면 사회에 봉사하고 타인의 모범이 되는 훌륭한 인물로 성장할 수 있을 것입니다.

당신은 사랑이 무엇인지 모릅니다, 비록 매일 이 단어를 사용하고 있지만. 어린이는 우리에게 사랑을 가르칠 수 있습니다. 아주 어릴 때 아이들은 이기적입니다. 이때 아이들의 사랑은 자기애이며, 자기 부모를 사랑합니다. 사랑이 점차 확장되면서 아이들은 부모, 친구, 환경 등을 생각하기 시작합니다. 처음에는 자기중심적이지만 이때 주는 것을 배우지 못하면 이 뿌리 깊은 태도는 아이의 일생 동안 남아있게 될 것입니다.

중요한 성장단계에서 아이가 부모로부터 적절한 보살핌을 받지 못하면, 충족되지 않은 욕구를 성장해서 자기 배우자에게 드러낼 것입니다. 이런 사람에게 남편이나 아내는 아버지나 어머니가 됩니다. 이로써 불일치하는 성격을 평생 지니게 됩니다. 가정은 당신과 가족이 사랑하는 법을 배우는 곳이어야 합니다.

산스크리트 격언은 아이들이 다섯 살이 되기 전까지는 무조건으로 사랑해야 한다고 말합니다. 다섯 살 이후에는 사랑과 훈육이 필요합니다. 아이들을 사랑할 때는 제한 없이 사랑하세요. 그리고 이 제한 없는 사랑을 위해 당신의 즐거움을 희생하세요.

어린이는 큰 기쁨이며 살면서 당신에게 가장 위대한 교훈을 가르칠 수 있습니다. 자녀가 있는 사람만이 신께서 아이들을 얼마나 사랑하는지 알 수 있습니다. 당신이 아이를 사랑하고 보호하고 아이를 위해 희생해야 신께서도 당신을 사랑합니다. 당신이 신의 자녀이기 때문입니다.

인간 성장 과정의 실제적 토대는 사랑입니다. ──

제3부

영적인 사랑

제1장

구루

*구루는 세상 속에 살지만
세상에 속하지는 않습니다.* ───────

　구루는 자신이 하는 일에 아무 대가를 바라지 않습니다. 그 일이 그의 의무이고 삶의 목적이기 때문입니다. 구루가 당신을 이끌어 줄 때 당신에게 강요하지 않고 자신의 일을 할 뿐입니다. 구루는 이타심으로 자신의 의무를 하지 않고는 살 수 없습니다. 이타적 사랑이 깨달음의 기본이기 때문입니다. 이러한 구루들은 인류를 인도하고, 알려지지 않은 세상의 구석진 곳에 생명과 빛을 퍼뜨립니다. 세상 사람들은 그들을 의식하지 않으며 인정하려 들지 않습니다. 당신은 당신의 구루를 위해 뭔가 최선을 다하려고 할 수도 있겠지만 구루는 아무것도 필요하지 않기 때문에 구루를 위해 할 일은 아무것도 없습니다. 태양이 멀리서 빛나며 움직이고 있듯이 구루는 영적인 사랑을 주면서 초월해 있습니다. 이것이 여러분이 구루를 사랑하고 존경해야 할 이유입니다. 만일 나의 구루와 신께서 함께 나에게 온다면 나는 먼저 구루께 가서 "감사합니다. 스승님께서 저를 신과 만나게 해 주셨습니다."라고 말할 것입니다. 나는 신께 가서 "신이시여, 저에게 구루를 보내 주셔서 감사합니다."라고 말하지는 않을 것입니다.

구루는 내면의 힘과 열정이 있어야 합니다. 열정은 스승이 제자를 사랑하고 제자들이 성장하고 실천하기를 원한다는 의미입니다. 열정 없이 지식을 전하는 것은 아무것도 자라지 못할 불모지에 씨를 뿌리는 것과 같습니다.

사람들이 사랑한다고 말할 때 당신은 누가 거짓이고 누가 참인지 느낄 수 있습니다. '사랑'이란 말은 무슨 뜻일까요? 사랑은 어떤 사람이 당신을 위해 뭔가를 하면서도 아무런 대가를 원하지 않는 것입니다. 그러나 어떤 교사가 학생에게 돈이나 다른 것을 기대한다면 그것은 노동의 대가일 뿐 가르침과는 상관이 없습니다. 만일 당신이 "구루지, 저를 얼마나 사랑하세요?"라고 묻는다면 스승은 "사랑하는 제자야, 나는 네가 나를 사랑하는 것만큼 사랑한단다."라고 대답할 것입니다.

나는 태어나서 40년 동안 많은 스승을 찾아다녔습니다. 거의 취미가 되다시피 했지요. 나는 여기저기 헤매고 다녔고 멀리 온갖 곳을 여행하면서 산과 7대양을 넘고 건너서 나 자신을 찾아다녔습니다. 그리고 마침내 스승이 내 안에 있는 것을 알게 되었습니다. 나는 나 자신과 내 어리석음에 웃지 않을 수 없었습니다. 사람들은 나를 지혜롭다고 합니다. 그러나 내가 진정 누구인지 알기 위해 고요히 내면을 들여다보는 대신 밖으로 찾아다닌 나는 어리석다는 말을 들어 마땅합니다. 나는 여기저기 온갖 곳을 나 자신을 찾아서 내 숨과 시간을 낭비한 가장 어리석은 방랑자라는 것을 깨달았습니다.

나는 교사들을 비난하는 것이 아닙니다. 그들은 도움이 되는 사람들입니다. 그렇지만 자기 내면의 스승을 보지 못하면 생명의 책이 담고 있는 핵심을 열지 못할 것입니다. 여러분의 의식이 여러분 내면으로 이끌 위대한 안내자입니다. 그런데도 자신감이 없는 당신은 그것에 귀를 기울이지 않습니다. 일단 내면의 길을 걷게 되면 당신 앞에 모든 것이 열릴 것입니다. 그러니 실수를 겁내지 마세요. 배움의 길에서 실수를 저지르는 것은 당연합니다. 배우는 과정에서 실수는 성공의 대들보가 되고 포기하지 않을 준비가 됩니다.

제2장

나의 스승님

산의 현자 ─────────────

  그분은 무한과 확실히 닿아 있는 위대한 자연의 비할 데 없이 위대한 영혼이었습니다. 빛나는 실재인 그분은 존재의 깊은 곳에서 울리는 메아리였고, 불빛에 잠겨 있었습니다. 그분이 걸어가면 그분을 본 사람은 누구나 보이지 않는 우주적 화합의 리듬을 느꼈고 침묵의 왕의 신비가 무엇인지 궁금해했습니다.

  그분의 지혜는 히말라야만큼 오래되었고 유아기보다 더

젊었습니다. 그분의 철학은 학교에 속하지 않았습니다. 제자들을 향한 그분의 사랑은 노래 중의 노래였습니다. 그분은 희망도 두려움도 몰랐으며, 인간이 가슴으로만 이해할 수 있는 영적 우주의 고요함에 머물렀습니다.

참스승

비록 그분의 산속 거처까지 가는 그 길은 멀었지만
나는 신의 사랑을 위해 그분과 걸었습니다.
참스승은 내가 본 적이 없는 빛으로 온통 휩싸여 있었습니다.
달빛을 받은 머리카락은 길게 늘어뜨려져서 겨울눈처럼 빛났습니다.

그분은 말없이 침묵 속에 계셨습니다.
그러나 고개를 들고 나를 바라보며 부드러운 미소를 지으셨습니다.

갑자기 천둥소리보다 큰 그분의 목소리를 들었습니다.
참스승.
나는 강렬한 태양의 소리를 들었습니다.
그러나 하늘에 있는지 땅에 있는지 볼 수 없었습니다.
대답을 기다리며 나는 고개를 돌렸습니다.

처음에 그분은 대양에 걸친 해안에 계셨습니다.
그런 다음 해안에 걸친 산 위에서 지구를 다리 삼아 서 계셨습니다.

불타는 낮과 어두운 밤의 능선이 흐르는 곳 아래서
나는 무릎을 세워 몸을 일으키고
침묵의 거처로 갔습니다.

사랑하는
최고의 스승님, 모든 의문이 당신의 침묵 속으로 사라졌습니다.

당신의 거룩한 발아래

나는 산의 현자의 아이, 자유로운 영혼으로
빛과 함께 걷는다.
나는 얼음 샘 위 히말라야 동굴의 은둔처에서
두려움 없이 산다.

나를 때리는 눈발과 함께
나는 산정상으로 오른다.
시내를 건너고 얼음 눈을 밟을 때
나와 이야기하는 사람도, 함께 걷는 사람도 없다.

나는 하늘에 귀 기울이는 산속을 배회하며
침묵이 내게 친구가 되었다.
내 사랑은 말 없는 대답으로 내게 속삭이고
당신의 이끄심으로 나는 상승한다.

나는 지금 타향에서 지내며
강가강(갠지스강)과 부드러운 모래를 그리워한다.

나의 신성한 가슴안에

당신의 축복과 은총과 고대의 지혜를 간직하고.

모든 것을 사심 없이 완전하게 사랑하는 내 삶을

당신의 거룩한 발아래 바칩니다.

구루 만월

아, 사랑하는 구루시여.
나 자신인 당신,
만월이 태양의 빛을 반사할 때
이 몸은 당신의 영광을 반사해야 하며
당신의 빛은 모든 숨구멍에서 빛나야 하며
당신의 불은 어떤 장애물도 남김없이 태워버려야 합니다.

그렇게 이루어질 것입니다.

나의 구루데바

당신의 기억은
내 존재의 내면의 방에 영원한 거처를 마련했습니다.
당신의 말씀은
목마른 내 생명에 쏟아지는 맑고 깨끗한 샘물과 같습니다.

세상 너머 저 멀리 지평선에서
자주 조용한 목소리가 들려와
내면의 영혼이 유일한 실제임을
이 영혼의 완성이 삶의 비밀임을 상기시킵니다.

이 넓은 당신의 방에서

키 큰 설송들 사이로 햇빛이 쏟아지는
이 가을의 어느 휴일,
어쩐 일인지
낙엽이 바스락거리는 소리가
내 기억을 가로질러 떠다니기 시작했다.

스승님께서 말씀 한 마디 없이 침묵에 싸여 계실 때면
나는 스승님을 더 잘 아는 것처럼 느껴졌다.

나는 스승님의 생각을 들을 수 있었고
스승님만의 노래를,
당신 자신에게 부르는 소리를 들을 수 있었다.

다른 사람들은 전혀 모르는
외피의 어떤 것도
우리는 알 수 있을 것 같았다.

마지막 순간

　헤어지기 전날 밤, 왕과 같은 그분의 자세는 부드러움만을 드러내셨습니다. 북부 겨울의 고요함이 그분의 얼굴에서 미소짓고 있었고, 절제된 차분함이 드리워져 있었습니다. 그러나 한 곳을 응시하는 그분의 눈은 그 어느 때보다 강렬하게 빛났습니다.

　물질영역에서 끝나는 것은 모두 곧 죽음으로 갑니다. 이 것은, 삶에 의미를 부여하고 우리의 온갖 활동을 융합하는 완전함에 대한 영원한 의문입니다. 필멸의 틀을 벗어버리게 이끄는 것은 그분 자신의 갈망입니다.

　갑작스러운 조짐이 방에 가득 차며 움직임이 있었습니다. 그분의 회색 머리카락이 마치 감전된 듯이 일어섰습니다. 그분 입술에 떠나지 않던 미소가 침묵으로 바뀌었습니다. 무거운 눈꺼풀에 덮인 눈동자가 약간 놀란 듯 보이다가 곧 진정되었습니다.

　우리는 다른 길을, 그러나 당연히 그 끝은 같은 길을 여행했습니다. 우리를 연결한 무형의 유대는 무한하고 영원한 자기 포기의 유대였습니다.

  이제 헤어짐만이 남았습니다.

내 삶의 주인이신 그분께

헤어져야 할 시간
저는 공경하는 마음이 가득한 깊은 애정과
감사하는 마음의 표시밖에 드릴 것이 없습니다.

아무것도 드릴 수 없는 저는
제가 찾을 수 있는 가장 아름다운 꽃을 모으기 위해
제 마음의 정원과 제 영혼의 무한한 계곡을 거닙니다.

저의 생각들이 당신의 거룩한 발 위에
깊은 애정을 가지고 머물 때
저는 노력과 헌신의 더 높은 수준으로 끌어올려집니다.

삶의 의미를 깊이 생각할 때
인간을 위한 당신의 사랑이 깊은 이랑을 이루면
그곳에서 더 풍성한 영감의 결실이 흘러나오는
그런 날이 온다고 하신 말씀이 떠오릅니다.

그 달콤한 외로움의 순간에
당신의 목소리가 울려 퍼지면
저는 울음을 터트립니다.

제3장

신의 어머니

내 꿈의 여인

바가바드 기타Bhagavad Gita를 한 번, 두 번, 세 번 그리고 수없이 공부하면서 나는 내 진짜 어머니가 그분이라는 것을 알게 되었습니다. 그분은 세상이 말하는 즐거움에서 내가 얻은 슬픔과 비탄에서 벗어나도록 내게 자유를 주셨습니다. 내게 주어지지 않은 것이 없었습니다. 최상의 것, 사물, 친구 그리고 무엇보다 모든 나라의 최상의 것인 브하라타Bharata 즉 지식에 대한 사랑이 주어졌습니다. 하지만 기타를 공부한 후에야 비로소 내 모든 고통과 슬픔이 사라졌습니다. 나는 신의 어머니 바가바드 기타의 축복받은 품에 몇 시간, 며칠, 몇 달, 몇 해를 앉아 있곤 했습니다. 나는 용기와 행복과 기쁨을 내게 주는 순수한 신의 사랑이 애착이 아니라는 것을 알게 되었습니다. 그렇게 나는 살고 있습니다.

당신을 향한 내 사랑은 어떤 논리적 기준으로도 측정할 수 없이 크고 무한합니다. 대가를 바라지 않는 자유로운 것입니다. 당신의 존엄은 자신을 드러내기를 허락하지 않지만, 당신께서 언제나 내 존재의 내면의 방에 앉아 계시다는 것을 나는 잘 알고 있습니다. 당신의 품성은 지속해서 내 호기심을 불러일으켰고 나는 더 철저히 그것을 파고들기로 마음먹었습니다. 나는 완전히 매료되어 나를 사로잡은 이 생각에 파묻혔습니다. 나는 수수께끼 같은 미지의 환영을 풀려고 애쓰지 않습니다. 나는 이미 당신이 내 꿈의 그 여인이라는 것을 알고 있습니다. 요즘 나는 온통 한 가지 생각과 목표에 완전히 사로잡혀 있습니다. 즉 내 사랑의 대상이 지닌 비밀을 깊이 파고드는 것입니다.

나는 외롭지만 이 외로움은 내 주변에 사람이 없어서가

아니라 바로 나 자신으로 인한 것입니다. 나는 내 사랑 중의 사랑에 더욱 가까워지고 있다고 느끼고, 그렇기 때문에 나는 뛰어난 존재로 아무도 나와 소통할 수 없기 때문입니다. 내 사랑은, 소멸하기 전에는 멈추지 않을 오래된 여행자와 같다고 당신께 누누이 경고해 왔습니다. 당신의 아름다움은 영원합니다. 이제 당신은 사랑이 무엇인지 알게 되었나요? 사랑은 오직 당신하고만 나누고 싶은 그런 것입니다.

밤의 섬광

너무나도 놀랍게도 그녀는 전혀 변하지 않았습니다. 그녀는 지금껏 아무 일도 일어나지 않은 것처럼 말하고 행동했습니다. 그때 일어난 일로 나는 대단히 놀라고 압도되었습니다. 그것은 마치 두 줄기 강물이 합쳐져서 하나의 거대한 급류가 한 가지 목적을 향해 멈추지 않고 나를 나르는 것 같았습니다. 이 경험은 무한한 대양의 물결 위에서 나를 흔들었을 때 나는 흥분하고 압도되었습니다. 결코 잊지 못할 황홀하고 가치 있는 경험이었습니다.

당신은 내 사랑의 원천인 온 세상의 통로를 가지고 있습니다. 당신은 나를 신성한 꿈에서 깨어나게 했습니다. 나는 영원한 왕국의 꿈을 꾸고 있었습니다. 그 신성과, 자유로운 보편성과 일치한 왕국의 꿈을 꾸고 있었습니다. 그것은 자유로운 인간, 즉 자유롭게 태어나 자존적 신성함을 지닌 인간의 왕국입니다. 무엇을 하든 어떻게 살든 나의 자유로운 영혼은 신 안에 살고 있습니다.

나는 그것입니다. ―――――――――――――

제4장

마마

　스와미지께서는 만년에 네팔의 아쉬람에서 마마(앤 애일워드)에게 애정 어린 편지를 썼다. 이는 마마를 향한 그의 절대적 사랑을 보여 주는 본보기다. 마마는 미국에 '국제히말라야요가와철학협회'를 설립하는 데 협력했고 이 협회의 초대 회장으로 일했다. 스와미지와 마마의 관계는, 수백 수천 년 동안 끝없는 생애의 경계를 넘어 중단 없이 여행하는 사랑의 영원한 유대를 생생하게 보여 준다. 이 편지는 대체로 스와미지의 깊은 개인적 생각과 감정, 사랑에 대한 일반적 견해를 보여 준다. 시적 표현에서는 귀중한 모범이 된다.

　　사랑하는 어머니,

좀 더 일찍 소식을 전하지 못해 죄송합니다. 그러나 어머니 같은 분을 알게 된 것은 제게 행운입니다. 아는 사람이 아무도 없는 땅에서 지금까지 저를 보호해 주시니 저는 운이 좋은 사람입니다. 어머니는 마치 무수한 암초를 통과하도록 제가 탄 배를 조종하고 있는 위대한 조타수와 같습니다. 제 삶의 중요한 결정은 계획에 따라 이루어졌지만 선택을 할 때는 보이지 않는 손이 바로 제 목적을 위해 이끌고 있다는 느낌을 갖습니다. 제가 이룬 작은 성공은 어머니의 사랑 가득한 은혜 덕분입니다. 제 실수의 대부분은 저의 어리석음으로 인한 것이지만 모든 은혜는 어머니 덕분입니다.

그렇습니다. 저는 이모님을 만났지만 제 영혼이 비밀로 간직하고 있는 무분별하거나 세속적인 말은 전혀 하지 않았습니다. 이모님을 향한 이런 존경하는 태도는 골수에 박힌 것이지만, 저는 그분을 결코 사랑하지 않습니다.

우리 가문 사람들의 문제와 비판은 제게 사는 것과 죽는 것이 무엇인지 깨닫도록 압박감을 주었고, 저는 그것을 잘 알게 되었습니다. 나의 어머니, 감정은 저에게 이성적인 것이 아니지만 사랑은 이성적인 생각과 결실 있는 행동으로 보여 주어야 합니다. 저의 맹목적인 믿음이 지닌 유약함은 제게 수치스러움을 느끼게 했고 이제 제 앞길을 막고 있습니다. 저와 더불어 사는 사람들은 전통과 진리 사이에서 혼란스러워하기 때문입니다. 저를 모든 진리로 이끌어 갈 진리의 정신을 저는 간직할 것입니다. 진리는 모든 위대한 스승보다 더 위대하니까요.

저는 지금 이 문명화한 세상에서 일어나는 일을 보면서 암흑시대의 최악의 양상들을 떠올립니다. 사람들은 자의식을 잃고 권좌에서 몰아낸 신의 자리에 새로운 신들을 세웁니다. 어머니, 사랑은 정신에서 먼저 생겨나고 그런 다음 마음과 몸으로 표현하는 것입니다. 사랑하기 위해 지식과 힘을 얻는 것으로는 충분하지 않습니다. 사랑은 표현하는 것이 그 본질입니다. 저는 저 자신을 표현할 기회를 갖지 못했습니다. 어머니께서 그렇게 하는 것을 허락하지 않으셨으니까요.

저는 신이 사랑과 자비가 무한한 거대한 침묵의 바다라고 생각하고, 그분의 자비에 저를 맡깁니다. 그분을 알고 어머니의 은혜를 입은 것이 행운이라고 다시 한번 느낍니다. 삶이 행복하다는 사람에게 저는 늘 그런 행운을 당연하게 받아들여서는 안 된다고 말해 줍니다. 그런 삶은 신의 은총이며 어머니의 은혜이기도 하니까요.

아시다시피 제 삶은 비참한 여건과 불행한 타격을 받는 사고로 점철된 것이었습니다. 저는 신께서 주신 모든 특권이 인간들에 의해 거부된 어린 시절을 잊지 않았습니다. 지금은 그 누구도 저에게 무엇을 주거나 저에게서 빼앗아가지 못한다는 것을 압니다.

어린 시절부터 알고 지낸 친구가 저에게 분노할 줄 모르고 쉽게 참아낸다고 다소 비꼬듯이 말했습니다. 그는 사실대로 본 것입니다. 제 생각은 이론적으로 좋다와 나쁘다를 구분하지만 그것은 생각뿐입니다. 사람들은 주변에서 일어나는 일들에 대해 좀 별난 개념을 갖고 자기 편한 대로 '좋다, 나쁘다'라는 말을 사용합니다.

저는 신께서 어머니를 만나게 해 주신 것이 기쁘고 행복합니다. 이것을 저는 기회나 우연이라고 생각하지 않습니다. 욕망은 본성의 힘으로 보이지 않게 작용합니다. 어머니, 보기에 대수롭지 않은 일들이 때로 우리 삶에 중요한 역할을 합니다. 사랑에 끌리는 작용이라는 말이 있습니다. 왜 어떤 사람에게 끌리는지 전혀 알 수 없는 경우가 있습니다. 우리는 그런 사람에게 반응할 수밖에 없고 관심이 생깁니다.

우리는 아름다움을 이해할 수 없습니다. 이끌림은 시인들에 의해 아주 조금 설명될 수 있지만요. 우리가 호감과 비호감을 느끼는 진짜 이유는 주로 우리 본성의 깊은 곳에 숨어 있습니다. 이것은 우리의 이성과 논리와는 거의 상관이 없고 그것을 설명할 수도 없습니다. 살면서 우리가 기분 좋은 경험도 하고 불쾌한 경험도 하는 것은 참으로 다행스러운 일입니다. 그런 경험을 통해서 저는 순풍도 불고 역풍도 부는 진정한 삶의 가치를 알게 되었습니다. 저는 더 부유하고 더 풍요로운 삶이 제 앞에 열려 있다고 생각합니다. 삶의 여러 경험은 인간에 대한 애정과 관심에 저를 이어 주고, 깊은 슬픔과 마찬가지로 큰 기쁨도 주며, 제 삶이라는 직물을 촘촘하게 엮어 줍니다. 어떤 의미에서는 제 운명의 진정한 성취를 이루게 해 준다고 하겠습니다.

제게는 불안과 고민과 슬픔의 몫도 있었지만 축복도 분에 넘치게 받았습니다. 중요한 인물로 어머니에게서 애정과 호의를 많이 받았습니다. 그렇습니다, 어머니. 모든 사람의 삶에는 양면이 있습니다. 사람들이 보는 일상의 삶과 우리 마음에 비밀스레 간직한 다른 삶이 그것입니다. 다른 사람들이 나에 대해 생각하는 가상의 삶을 살고 싶어하고 실제

자신이 아닌 모습을 보여 주기 위해 노력합니다. 제 정신력은 충만해지고 생각은 내면의 침묵으로 저를 이끕니다. 삶은 마치 기회와 운명과 성격으로 짜여진 신비로운 천과 같습니다. 그러나 저는 운명만을 탓합니다. 요즘은 제가 내린 선택에 동요하고 있습니다.

나의 어머니는 위대하십니다. 그분은 아름다움과 지성과 매력으로 피어나는 꽃과 같습니다! 저는 매우 중요한 곳에서 일하는 과학자들과 몇 가지 업무와 책무를 마쳐야 하는데, 이 일은 지금까지 제가 해 온 작업에 새로운 기회를 가져다줄 것입니다.

이곳 네팔에서 전통은 직관에 속합니다. 사람들은 전통을 위해 태어난다고 느낍니다. 이들에 따르면 어떤 부류는 이것에 적합하지 않다고 하는데, 동부에 사는 사람들은 스스로 선택할 자유가 없습니다. 전통에 따르고 직관적으로 순종하며 사는 사람에 한해서 믿음과 신앙의 삶을 살게 됩니다. 현실적인 요구는 신앙과 전통이 흔들릴 때 발생합니다. 이곳에서 부모들은 성장한 아이들이 그렇게 될 수 있다고 생각하기 때문에 아이들은 성장할 기회를 갖지 못하고 자신의 삶을 살지 못합니다. 미국인들은 죽은 전통의 테두리 안에서 살지 않으니 다행입니다. 그러나 미국인들은 헛된 기억과 무익한 다툼으로 괴로움을 겪지만 미국인 대부분은 세계적으로 우수한 사람들입니다. 이곳 사람들은 전통과 편견 속에 살고 있습니다. 비독선적인 의견들이 진정한 삶을 확립하기 위해 필요한 방법으로 주어질 것이라고 생각하지만, 이런 사회가 그런 사회를 만드는 것이 가능할까요? 수백 년이 걸릴 것 같습니다. 유교에서는 "구세대를 기억하여 신세대의 깨달음을 얻을 수 있는 사람은 참사람이 되기에 족하다."라고 말합니다. 제가 이 나라의 정신에 무언가를 주입하는 것이 엄청난 과제라는 것을 압니다. 이 나라는 수 세기 동안 주위에 경계선을 긋고 살았기 때문에 이 경계를 허무는 것은 대단히 어려운 일이 될 것입니다.

저는 대중에게 강의를 하며 바쁘게 지냅니다. 저는 매우 조심스럽고 철저하게 이 모든 일에 대한 책임을 지고 있습니다. 이곳에서는 성공이 쉬워 보입니다. 저는 사람들이 삶을 사실대로 알고 이해하도록 돕습니다. 저는 자기 삶도 모르면서 무미건조하게 말하던 요르단 사람처럼 되고 싶지 않습니다.

저는 입에 발린 말로 어머니께서 아름답다고 말씀드리고

싶습니다. 어머니, 고통은 저를 위한 것이고 이로 인한 결과는 제 스승님과 어머니를 위한 것입니다. 아직은 모든 것이 불확실하기 때문에 제가 미국으로 가는 일에 대해서는 말씀드릴 게 없습니다. 지난번에 기분 좋은 어머니의 목소리를 들어서 위로가 되었습니다. 저는 떨어져 있는 것이 힘들지 않다는 것을 분명히 말씀드립니다. 저는 어떻게 사랑하는지 알고 있으며 어머니의 애정 어린 말씀은 저를 무척 기쁘게 합니다. 그저 듣기 좋은 말이 아닌 어머니 말씀의 은혜를 감사하게 생각합니다.

동부는 완전히 대조적으로, 비범하거나 창의적인 사람은 모두 트집을 잡는 비난의 대상입니다. 저는 이곳을 사랑하지만, 네팔과 인도에서 머무는 것이 정신적으로 얼마나 큰 긴장감을 주는지 아무도 모릅니다. 저를 가장 억누르는 지속적이고 보이지 않는 부담은 정신적인 외로움입니다. 저는 어머니의 사랑이 없어 외롭습니다. 어머니는 사랑을 약속하셨고 저는 아주 기쁘게 그것을 받아들였지요. 어머니는 제 영감을 가다듬도록 저를 격려하십니다. 그 과정에서 저는 모든 상황을 조용히 즐깁니다. 저의 신앙은 제 마음의 대양 깊은 곳에서 일어나는 여러 줄기의 흐름을 하나로 일치시키는 것이 아닙니다. 그렇기 때문에 저는 사랑, 봉사, 인류애, 아름다움 그리고 웃음을 저의 진정한 벗이라고 말합니다.

어머니는 제가 하루를 어떻게 보내는지 알고 싶다 하셨지요. 저는 이따금 내적 평화를 얻기 위해 흥미로운 장소를 보러 갑니다. 어떤 때는 거센 바람과 급류의 소리, 새의 노랫소리, 나뭇잎 소리를 듣기도 합니다. 그런 다음 정신이 맑아져서 집으로 돌아옵니다. 저는 자주 외로움을 느끼고 어머니가 많이 보고 싶습니다. 사랑은 인간의 노력에 달려 있지 않다는 말씀을 다시 드리고 싶습니다. 저는 저 자신에게서 뛰어올라 어머니에게 저의 가치를 증명해 보였으면 좋겠습니다. 걱정하지 마세요. 저는 누구에게도, 어떤 도움에도 의지하지 않습니다. 내면에서 타오르는 사랑의 빛이 진정한 저의 지지자입니다. 저의 사랑은 본래 경험적이고 잠정적인 것입니다. 제 마음을 자극하지만 다른 사람에게 상처를 주지 않습니다. 제 사랑은 정신이 꾸며낸 허구가 아닙니다. 지금 여기 사실에 입각한 현상, 확실한 현실의 실제 상징입니다. 저는 약속으로 가득 찬 미래를 찾습니다. 개인적 사랑이 사회적으로 유용할 수 있는지 이해하기는 어렵습니다. 지금까지 저는 친구들에게 이로움을 주었습니다만 지금은 터무

니없는 꿈을 꾸는 제가 정말 싫습니다. 이제 친구도 학생도 지인도 필요 없습니다. 저는 저 자신으로 행복합니다. 우정에 대한 배움은 쓸모없는 것으로 증명되었고 제 의문은 무의미한 것이었습니다.

실로 저는 더 낮은 사람과 더 높은 사람을 관통하는 의미를 나타내며 거꾸로 놓인 두 삼각형에 대해 같은 시각을 갖습니다. 제 생각이 어둠에 이끌릴 때마다 새로운 빛이 나타났습니다. 열정과 욕망에 지배되는 한 제게는 평화가 없을 것이라는 침묵의 음성을 저는 수없이 듣습니다. 사랑은 단순히 진리를 깊이 생각하는 것이 아니라 진리로 인해 고통스러워하는 것입니다. 고통은 처벌받는 것이 아니라 사랑의 선물이며 보상이고, 보상은 자신을 비울 때 받는 것입니다. 인류를 향한 사랑은 모든 위대한 인물이 가르쳐 왔습니다. 그러나 사랑할 능력을 갖기는 어렵습니다.

내일 다시 몇 가지 생각을 정리할 것입니다. 그때까지 안녕히 주무세요. 곧 만나기를.

신을 섬기는 스와미 라마

내가 하는 것은?

나는 밤사이 떨어진 꽃봉오리를 줍습니다.
침묵이 속삭이는 소리를 듣습니다.
광대한 허공 위에서 명상을 합니다.
제 생명이 숨 쉴 때마다 그분의 이름을 중얼거립니다.
그분의 빛나는 얼굴의 아름다움을 경외합니다.
태양이 침상에서 나올 때 나는 물러납니다.
그리고 허공의 심연으로 들어가서
영원한 불길 안에서 숨을 쉽니다.
기쁨의 구름 사이로
날개 없는 내 영혼의 새는 높이 더 높이 날아오릅니다.
나는 사랑에 잠겨 욕망을 넘어 사랑과 하나가 됩니다.

내가 하는 것은 이것입니다.

제5장

신의 사랑

신을 향한 사랑은 모든 것을 향한 사랑입니다. ──

인간의 사랑은 완전하지 않습니다. 그러나 인간에 대한 연민이 당신에게서 솟아나지 않는다면 당신은 신의 사랑을 갖지 못할 것입니다. 진실로 사랑하는 법을 배우면 당신은 사랑이 생명의 신이라는 것을 이해할 것입니다.

수없이 사다나sadhana(영적 수행)를 하더라도 먼저 사랑의 공평한 법칙을 이해해야 합니다. 태양은 만물을 똑같이 비추고, 달은 그 어스레한 빛을 모두에게 비추며, 미풍은 모든 것에 공평하게 붑니다. 어떤 자아가 "이건 내 것이야, 내 것이라고." 또는 "이건 내 것이 아니야."라고 주장할 때 외에는 불공평이란 없습니다.

고대에는 신의 얼굴을 볼 수 있는 사람들이 있었습니다. 왜 우리는 더 이상 신의 얼굴을 볼 수 없냐고 묻는 사람이 있었습니다. 나는 강에서 물을 떠올리자면 몸을 조금 구부려야 하는데, 지금은 그렇게 낮게 몸을 구부릴 수 있는 사람이 없기 때문이라고 대답했습니다.

많은 예언자가 지상에 왔습니다. 오늘날의 예언자는 천국을 건설하는 사람, 음악을 만드는 사람, 담론의 몽상가가 될 수 있지만, 사랑이 없으면 모든 희망이 결국 먼지가 되고 말 것입니다. 그들은 신이 창조한 세상을 능가하는 그들의 세상을 건설하려고 많은 노력을 하면서 그것을 신앙이라고 불렀습니다. 그들은 지금 어디 있을까요? 산산이 부서진 그들의 광기 속에 그들은 이 세상을 떠났습니다. 내가 그들을 사랑의 예언자가 아닌 떠난 자들이라 부르는 이유가 그것입니다. 그들은 인간을 여러 가지 문제로 얽히게

했을 뿐입니다. 한 예언자는 어떤 것을 공언하고, 다른 예언자는 지식을 가르치고, 또다른 예언자는 요가를 가르칩니다. 그들은 이런저런 철학을 가르치지만 사랑의 예언자만이 인류의 고통을 변화시키는 데 도움을 줄 수 있습니다. 세상은 고통 속에 있습니다. 우리가 삶의 참의미를 이해할 능력이 있음에도 불구하고 아무도 사랑이 무엇인지 모르기 때문입니다.

인간을 향한 사랑은 신을 향한 사랑과 다릅니다. 신을 향한 사랑은 모든 것을 향한 사랑입니다. 사람과 동물 그리고 식물에조차도 생명력이 있습니다. 생명력이 곧 삶입니다. 그러나 여러분은 너무나 바쁘게 살기 때문에 삶의 본질이라 생각하는 것들을 사랑할 시간조차 없습니다. 모양도 이름도 다른 세상의 모든 사물 안에 있는 실체를 모르고 그 모든 것을 사랑하는 것은 인류에게 도움이 되지 못합니다. 최고의 지식을 깨달은 날 여러분은 사랑을 시작할 수 있을 것입니다. 변화와 죽음과 소멸 없는 영원한 사랑을 인식하게 되면 모든 것을 사랑할 수 있을 것입니다.

*삶을 향한 사랑, 목적 없는 사랑은
최상의 사랑입니다.* ───────────

　우리는 작은 전구와 같습니다. 전구가 깨지면 전기 작용은 일어나지 않습니다. 이와 유사하게 우리가 이 세상에서 사라지면 생명력에는 아무 일도 일어나지 않습니다. 생명력이 소멸하는 전 과정을 이해하고 싶지 않은 당신은 이 사실을 받아들이고 싶지 않겠지만. 태어남은 죽음과 섞여 있습니다. 이것은 하나고 같은 것입니다. 이 사실을 받아들이고 현재를 살아야 합니다. 삶의 매순간과 모든 부분을 전부 즐기세요. 과거의 경험과 미래의 상상이 여러분의 마음을 산란하게 하고 삶의 목적 전부를 잊게 합니다. 삶이란 영원한 무엇이고 여러분이 그 영원의 일부라는 것을 잊고 있습니다. 어떤 문화나 종교 또는 철학적 배경을 갖고 있든지 간에 삶의 목적은 모두 하나이며 같은 것이며, 그 목적은 지속하는 행복과 영원한 축복과 평화를 얻는 것입니다. 세상을 향한 사랑이 감각적 경험에서 영혼의 경험으로 변화할 때 그 사랑은 신을 향한 사랑 위에 굳건히 자리 잡을 것입니다.

신앙을 넘어서는 것이 있습니다. 신앙은 신과 인간의 관계에서 갖는 행위입니다. 첫 단계에서는 이것이 중요하지만 전체와 하나가 되는 것을 허용하지 않습니다. 이것은 마치 캐시미어가 있다는 것을 다른 좀벌레에게 증명하기 위해 캐시미어울을 먹는 한 마리 좀벌레와 같습니다. 현실에서 신의 존재는 우리가 증명하는 것에 달려 있지 않습니다. 철학자와 신학자들에게는 이런 잘못이 있습니다. 이들은 '신은 분석하고 토론할 수 있는 일종의 가설'이라는 이상한 개념을 갖고 있습니다. 나에게 신은 소멸하는 불이며 형언할 수 없는 은총입니다. 나는 이 두 개념을 받아들입니다. 신앙 영역에서 나는 언제나 잠긴 문을 마주합니다. 설사 문 하나가 열려야 했을 때 나는 그 문 뒤에 놓인 것에 실망했습니다.

나의 신앙은 희망도 두려움도 모릅니다. 나의 신앙은 영적 우주의 고요함에 머물고, 인간의 마음만이 이해할 수 있는 것입니다. 풀잎에 맺힌 이슬방울이 천국을 비출 때 인간의 정신과 마음도 그렇게 할 수 있지 않겠습니까?

사람의 전 존재가 머리에서 발끝까지 사랑이란 생각에 흠뻑 젖으면 신체의 모든 숨구멍이 우주적 의식으로 살아나게 됩니다.

여러분의 외피는 아무런 변화가 없겠지만 내면의 불빛은 우주적 의식으로 번져나갈 것입니다. 이렇게 각자 지닌 사랑의 불꽃은 거대한 산불처럼 타올라 이기심이라는 위험한 잡초를 태워 없앨 것입니다. 사랑하면 주고 싶고 주는 것에서 큰 기쁨을 느끼고 싶어집니다. 진리는 사심 없이 사랑하는 것을 배우면 저절로 옵니다. 사랑의 언어는 마음을 통해 영혼에서 나옵니다.

모든 신앙과 모든 실천의 최고봉은 사랑입니다. ──

황금빛

황금빛이 내 마음에 내려왔고
나의 삶은 당신의 영원성에 감염되었습니다.

이제 그 황금빛이 당신이 계신 사원을 드러냈고
그 모든 열정이 유일한 존재를 가리켰습니다.

힘 있는 거주자,
당신은 이 몸에 숨을 불어넣고
당신 자신으로 채웠습니다.

음악과 천둥소리와 새들의 울음소리,
생명의 그 슬픔과 기쁨의 중얼거림,
인간이 내는 말의 운율,
그리고 속삭이는 소리,

이 모든 소리가 당신의 음성이 되었습니다.

불멸하는 내 의지의 비행

나는 거품이 되었고 하얀 은총의 바다가 되었습니다.
나는 신의 즐거움인 굽이치는 파도입니다.
행복하고 열정적인 빛의 무형의 흐름,
천국의 강물의 소용돌이입니다.

나의 날개는 시간과 공간을 넘어
어두운 빛 속으로 날아오릅니다.
나는 영원하신 분의 얼굴이라는 은총과
정신의 시야라는 은혜를 가지고 갑니다.

불타는 내 가슴에 숨긴 것은 없습니다.
내 마음은 상승과 고요,
내 노래는 끝없고 신비로운 예술,
나의 비상은 불멸의 의지입니다.

나는 거품이 되었고 하얀 은총의 바다가 되었습니다.
나는 신의 즐거움인 굽이치는 파도입니다.

행복하고 열정적인 빛의 무형의 흐름,
천국의 강물의 소용돌이입니다.

그렇게 우리는 만납니다

에너지 정화,
순간은 멈추고,
다른 모든 것은 잊혀집니다.
그렇게 우리는 만납니다.

당신의 웃음은
내 몸을 진동시킵니다.
만트라는 저절로 암송됩니다.
즐거움은 너무나도 크고,
자아는 통제와 두려움을 잃어버립니다.

이 두려움을 견딥니다.
은총이 가득 차고
우리가 사랑이라고 가르치며
우리의 실체를 보여 줍니다.

오, 사랑……

이 불을 빨아들여
당신의 프라나로 키우소서.

소함, 함사.

내 사랑의 연꽃

보라! 빛의 반짝임,
히말라야 정상에서 자주빛으로 빛난다.
마침내 갠지스강의 평원에 퍼져나갈 것을 누가 의심할까?
떠오르는 태양의 첫 손길이 재촉하자
내 사랑의 연꽃은 그 꽃잎을 열고,
천국의 삶을 그 윤기와 향기에 품는다.

살아 있는 진리

태양과 달 사이 나의 내면의 방에
나는 꿈을 모았다.
그리고 그곳에 조심스레 간직했다,
당신을 향한 내 소중한 꿈들을.

불결하고 더러운 공포의 한가운데를
나는 깊고 넓게 파낸다.
황금빛 강물의 노래를 위한 침상
꺼지지 않는 불을 위한 집을.

인간에게 불을 가져다주기 위해
나는 밤낮으로 괴로워하며 애를 썼다.
그러나 세상이 시작된 이래
지옥에 대한 혐오와 인간의 원한은 나의 벌꿀 술이다.

사람의 마음은 동물적 자아에 속아 넘어간다.
욕망이 이기기를 희망하면서

비탄과 죄에 사로잡힌

무시무시한 요정을 자기 안에 품고 있다.

온 천지가 어둠과 싸움에 둘러싸여 있다.

인간들이 태양이라 부르는 등잔은

불멸의 존재들에 의해 던져져

이 비틀거리는 삶의 중간에 희미하게 빛난다.

인간은 실패의 끝으로 이끄는

희망의 성화에 불을 붙이고

진리의 한 조각이 그의 가장 넓은 시야이며,

그가 가는 순례길의 여인숙이다.

진리 중의 진리를 인간들은 두려워하고 거부하며,

빛 중의 빛을 그들은 피한다.

신들을 모른 체하기 위해 그들은 울부짖음을 끌어올리거나

악마의 제단을 선택한다.

입을 크게 벌리고 수없는 말을 하지만

나는 할 일을 마치기 전에 쉴 수 없다.

악마와 인간들이 어떻게 비웃고 조롱할 수 있는가!

극심한 더러움으로 하늘을 더럽히면서.

아무도 가지 않은 곳에서 한 소리가 "신이시여!"라고 외친다.

깊게 더 깊게 파면서

굳건한 주춧돌에 다다를 때까지.

그리고 열쇠 없는 문을 두드린다.

은빛으로 조각된

새로운 생명의 문,

위대한 세상에

후광으로 빛나는 지붕과 모자이크로 장식된 바닥이 드러나며 밝게 빛난다.

은백색 대기 속에 나의 꿈들을 둘 것이다.

황금빛과 푸른 빛 의복 속에

당신의 살아 있는 진리가 구현되고

공정한 이 세상이 계속될 것이므로.

제6장

침묵

*침묵은 우리에게 최상의 평화와 행복과
은총을 줍니다.*

   지혜의 모든 것은 하나의 원천, 침묵의 중심에서 흘러나옵니다. 이 침묵을 얻으려면 우리를 침묵으로 이끄는 기도, 단어, 만트라 또는 소리의 모든 위대한 전통에서 찾아야 합니다. 현대인은 이 침묵을 이해하지 못하며 침묵 속에 있는 방법도 모릅니다. 거짓 기도, 거짓 약속, 거짓 단어는 당신에게 도움이 되지 않을 것입니다. 여러분은 너무 많이 말하고 너무 많이 쓰며 너무 많이 듣기 때문에 침묵에 대해 좀 더 배워야 합니다.

지혜는 세 갈래로 흐릅니다. 최상의 자아에 대한 확고한 믿음, 순수한 마음과 정신을 통해 걸러진 가르침, 맑은 의식의 목소리가 그것입니다. 결단을 내리기 어렵거나 불가능할 때는 홀로 산으로 들어가거나, 영혼을 번잡함을 떠나 고요하게 하거나, 신의 섭리의 말씀을 깊이 생각해 보는 것입니다. 성급하게 모든 목소리를 받아들이지 마세요. 어쩌면 그 목소리가 당신의 믿음을 훔쳐가려고 기다리고 있을지도 모르니까요. 마음을 순수하게 하고 정신을 집중해서 신의 섭리의 길을 따르세요. 모든 지혜로운 생각과 말은 무한의 침묵에서 나옵니다. 신성을 얻고자 하는 사람은 끝없는 시험을 견뎌야 합니다. 그러나 구도자는 대부분 열정이 앞섭니다. 벌이 꽃에서 꿀을 빨 때처럼 구도자는 신성한 불을 지피기 위한 잔가지들을 모아야 합니다.

이 세상은 평화를 한 번도 경험해 보지 않았는지도 모릅니다. 그것은 두 번의 전쟁 사이의 짧은 간격입니다. 세상에 두 가지 상반된 신념이 존재하는 한 평화는 있을 수 없습니다. 삶과 세상에 두 가지 상반된 원칙이 있다고 여기지 않는 사람들의 꿈과 갈망과 생각이 바로 평화입니다. 현자들은 무집착 상태와 지혜를 얻었고, 삶의 소란스러움에 영향을 받지 않았습니다. 평화를 얻기 위해서는 그분께서 위엄 있게 거처하시는 깊은 침묵으로 들어가는 길밖에 없습니다.

기쁨은 침묵과 고요 안에 있습니다. ─────────

소리 안에 있는 침묵

웃음소리를 들으며
만트라는
내 안의 당신과 당신 안의 나에게서
기쁨에 가득 차 살고 있다.

당신의 위대한 침묵의 선물은
인간이 하는 온갖 말보다 더 가치 있다.

무형의 사랑,
당신의 어둠은 모든 빛을 붙잡고
당신의 침묵은 모든 소리를 붙잡는다.

오늘은 아무런 말 없이
완전한 각성뿐이다.
완전한 유쾌함뿐이다.

당신의 현존을 느끼면

모든 것이 마법이 되고

경이로움이 나를 둘러싼다.

소음에 둘러싸여

소리 안에 있는 침묵에 귀를 기울인다.

나의 삶

나의 삶은 무한의 손에 잡힌 침묵이다.
세상은 불멸의 시선 안에 잠겨 있다.
나의 영혼은 의복걸이에서 발가벗겨진다.
나는 잠시 나의 자아와 함께 홀로 있다.

나는 불멸의 눈동자의 아름다움을 보았고,
연인의 피리소리의 열정을 들었으며,
불사의 황홀경이 얼마나 놀라운지 알고 있으나,
내 마음 안에 있는 슬픔은 영원히 무언이다.

내 마음은 무한의 중심이고,
내 몸은 영혼의 광활한 공간 속의 한 점이다.
순간 없는 광대함은 순수하고 단순하고,
나는 영원한 모든 곳을 향해 기지개를 켠다.

나는 내가 원하는 것이 아닌 신이 원하는 것을 하라고 생명력이 주어졌다는 것을 깨닫습니다. 아무도 이러한 나의 확신을 앗아갈 수 없습니다. 결정적인 일에서 나는 혼자가 아니었으며 시간을 넘어서 있다는 느낌을 받았습니다. 나는 내가 오래된 여행자이며 수많은 세기에 속했다고 느꼈습니다. 나는 갑자기 놀라움을 느끼고 침묵 속으로 들어갑니다.

사람의 도움을 구할 때마다 일은 그렇게 되지 않았습니다. 별의 무한한 세계와 끝없는 공간의 숨결이 내게 닿는 것처럼 이따금 심오함을 느꼈습니다. 바람과 구름을 맞으며 햇빛으로 몸을 씻을 때면 나의 경험은 설명할 수 있는 것이 되었습니다.

두 가지 현실

나는 분명히 기억합니다.

고요한 밤 어느 저녁 "나는 너와 함께 있다." 하는 소리 없는 음성을 들었습니다.

나는 귀 기울였고 매료되었습니다. 늦봄의 어느 늦은 겨울이었습니다.

자연의 화음과 조율하는 것은 나에게 특별한 일이 아니었습니다.

그 배경에서 나는 자연의 불협화음도 포함하는 부드러운 음악을 들을 수 있었습니다.

자연이 언제나 완벽하게 조화롭지는 않습니다. 자연도 대단히 모순될 수 있습니다.

음악도 그렇습니다. 소리 없는 보슬비와 세찬 바람의 음색을 지닌 소리의 분출.

뭐라 설명할 수 없습니다.

나는 살며시 눈을 뜨고 잠긴 덧문을 열었습니다.

아무도 보이지 않았습니다.

아무 소리도, 바람도, 아무것도,

아무것도 없었습니다.

이상하다는 생각이 듭니다. 나는 분명히 보고 들었는데.

그러나 나는 백일몽을 꾸고 있었던 것입니다.

그러다 나는 잠들었고 다시 같은 꿈이 계속되었습니다.

고요한 달빛이 비치는 똑같이 고요한 밤에

나는 잠에서 깨어납니다.

나에게 이 꿈은 현실과 동등한

그러나 불분명한 상태의 동등함을 보여 줍니다.

그 밤 모든 것은 정말 사실적으로 여겨졌고

나는 두 가지 현실을 가까스로 가려낼 수 있었습니다.

밤

밤이 부드럽게 내려앉는다. 아름답게 빛나는 밤,
연초록빛 하늘은 한 송이 꽃처럼 부드럽다.
멀리서 누군가 피리를 연주하는 소리가 들린다.

슬픔은 우리 생명의 한계로 제한적이다.
나는 죽을 수 있으니 더 이상 두려워할 것은 없다.

나는 대기에 떠다니는 내 사랑 중의 사랑에
따뜻한 연민을 느낀다.

빛! 그대는 너무나도 아름답다.
이제 내 눈썹 위로 쏟아져
꿈을 모르는 긴 잠에 빠진다.

아, 지상 깊은 곳의 애정 어린 숨결
내게 한 번 더 입맞춤하라.
그대의 모든 입술이 침묵의 신 안으로 사라지게 하라.

제7장

대답

    이제 우리는 그 물음에 답할 수 있습니다. 이 우주에서 가장 오래된 여행자는 남자도 여자도 아닌 신비입니다. 이것이 없다면 우리 존재마저 헛된 것이 되고 말 그런 신비입니다. 이 신비는 지성이나 지적 탐구로 또는 심리적 분석이나 과학적 실험으로는 밝혀낼 수 없습니다. 이 신비는 타인을 사랑하는 법을 깨달은 사람 그래서 사랑을 삶의 목표로 삼은 운 좋은 소수의 사람만이 그 베일을 벗길 수 있습니다. 이 신비는 바로 이 지상의 삶의 토대입니다.

    사랑은 영겁의 과거로부터 온 가장 오래된 여행자입니다.

사랑은 영원히 젊고 새로울 것입니다.

*사랑의 철학에서 길을 잃은 사람은
축복받은 사람입니다.* ───────────

제8장

작별

안녕

미지의 길을 여행하는 나는
고대의 여행자.
나는 밤에 경의를 표하기 위해 화환을 엮고
밤에 작별을 고하는 바구니를 채운다.

무無

촛불처럼
나는 그의 불꽃에 녹아내리고
불꽃 가운데서
점멸한다.
나는 무無로 가서
사라진다.

소……………………………

벌새 한 마리가 내 얼굴로 날아와
내 눈을 마주 쳐다본다.

함……………………………

떠난다.

스와미 라마 Swami Rama

스와미 라마는 히말라야에서 태어났고 스승의 가르침으로 많은 요가 수행을 시작했다. 그의 스승은 다른 요기들에게 그를 보냈고, 히말라야에 적응하고 고대의 가르침에 대한 새로운 시각과 통찰을 얻도록 했다. 24세 젊은 나이에 스와미 라마는 남인도 카르비르피탐의 샹카라차리야에 임명되었다. 그러나 스와미지는 히말라야의 동굴에서 사다나에 정진하기 위해 샹카라차리야 직을 그만두었다. 사다나를 성공적으로 마친 그는 일본과 서구로 가서 고대 요가 수행을 과학적으로 증명하라는 스승의 지시에 따랐다. 미국 캔자스주 토피카의 메닝거재단에서 스와미지는 심장박동, 체온, 뇌파와 같은 무의식의 생리적 과정을 통제하는 정신의 능력을 설득력 있게 증명해 보였다. 스와미지는 미국에서 23년 동안 일을 계속했고 이 기간에 미국에 국제히말라야협회를 설립했다.

스와미지는 미국에서 요기, 교사, 철학자, 시인, 인본주의자 그리고 박애주의자로 널리 알려졌다. 그의 예방의학, 전인 건강, 스트레스 관리의 모델은 서양의학의 주류에 스며들었다. 스와미지는 1993년에 인도로 돌아와 가르왈 히말라야 산기슭에 히말라야협회신탁병원을 설립했다. 스와미지는 1996년 11월에 이 물질세계 행성을 떠났지만, 그가 뿌린 씨앗은 지속적으로 싹을 틔우고 꽃을 피워 열매를 맺고 있다. 그의 말씀에 구체화한 가르침인 '사랑, 봉사, 기억'은 수많은 제자에게 영감을 주고 있다. 이들 제자는 운 좋게도 완성에 이른 이 사심 없고 사랑 가득한 스승을 계속 만나고 있다.